新媒体视角下大学生思政教育创新探索

郭 奇 著

北方妇女儿童出版社
·长春·

图书在版编目（CIP）数据

新媒体视角下大学生思政教育创新探索 / 郭奇著
. -- 长春 : 北方妇女儿童出版社, 2021.10
ISBN 978-7-5585-6091-0

Ⅰ. ①新… Ⅱ. ①郭… Ⅲ. ①大学生－思想政治教育
－研究－中国 Ⅳ. ①G641

中国版本图书馆CIP数据核字（2021）第214158号

新媒体视角下大学生思政教育创新探索

XINMEITI SHIJIAOXIA DAXUESHENG SIZHENG JIAOYU CHUANGXIN TANSUO

出 版 人　师晓晖
责任编辑　李　媛
装帧设计　王一然
封面绘画　秦　风
开　　本　787mm×1092mm　　1/16
印　　张　10.25
字　　数　220千字
版　　次　2021年10月第1版
印　　次　2021年10月第1次印刷
印　　刷　北京宝莲鸿图科技有限公司
出　　版　北方妇女儿童出版社
发　　行　北方妇女儿童出版社
地　　址　长春市福祉大路5788号
电　　话　总编办：0431-81629600

定　　价　49.00元

前　言

随着科学信息技术的迅猛发展，以移动互联网为代表的新媒体迅速渗透到社会生活的方方面面，并对人们的生活、行为和思维方式产生了广泛而深刻的影响。当前，新媒体已经深入至高校的各个层面，改变着大学生的生活与学习，他们的行为和思想产生了显著的影响。在高校教育教学工作中，大学生思想政治教育（以下简称思政教育）是一个重要且不可忽视的环节，搞好大学生思政教育是高校必须要全力推进和实践的，而新媒体时代的到来也为大学生思政教育带来了全新的机遇和挑战。中共中央办公厅、国务院办公厅印发的《关于进一步加强和改进新形势下高校宣传思想工作的意见》也指出，要创新网络思政教育，要推进辅导员博客、思政理论课教师微博、校务微博、校园微信等网络新媒体建设，以进一步扩大高校主流思想舆论，充分发挥新媒体在大学生思政教育中的作用。大学生的思政教育应与时俱进，深入研究新媒体在大学生思政教育中的影响和作用，积极探讨新媒体视角下大学生思政教育创新的思路、策略和途径，进一步提高大学生思政教育的教育实效性。

本书首先概述了大学生思政教育和新媒体的基本知识，然后详细分析了新媒体对大学生思政教育的影响、新媒体视角下大学生思政教育创新探索的原则、大学生思政教育的内容。最后讨论了新媒体视角下如何进行大学生思政教育，以及新媒体视角下大学生思政教育的一些创新探索。希望本书能为从事大学生思政教育的人员提供些许帮助。

由于笔者水平和经验有限，不当之处在所难免，恳切希望广大读者和各位专家予以批评指正，以便今后进一步修改和完善。本书参考了一些同领域专家学者的研究成果，在此衷心地向他们的辛勤劳动表示感谢。

目　录

第一章　大学生思政教育与新媒体

思政教育是意识形态领域的重要社会实践。任何国家为了维系它所实行的社会制度，维护社会的稳定和发展，以及培养青少年一代，都十分重视意识形态领域的工作。因此，思政教育是一个比较重要的研究领域。

新媒体时代，我国高校承担着人才培养和服务社会两项重要责任，而高校的人才培养对我国社会主义现代化建设有着举足轻重的作用。因为我国高等院校是培养和造就高素质创造型人才的摇篮，是培养和造就社会主义事业建设者和接班人的重要阵地。如何结合高校发展的特点，进一步明确高校思政教育的内涵建设，从而实现教育与发展的互动，更好地为社会主义建设服务，是高校力求解决的重要问题。因此高等院校必须重视思政教育，加强思想政治的内涵研究，充分发挥思政教育服务个体、服务社会的能力，加大思政教育成果的显性教育意义，充分发挥高校的育人功能，优化人才培养机制和人才培养模式，从而实现高校科学性、系统性、和谐性共同发展。

第一节　大学生思政教育的概念

一、思政教育概念的起源

从最早期马克思主义创始人的革命实践中，我们可以寻找到思政教育最初的“描述性”定义。这一时期的定义仅仅存在于马克思主义者的宣传革命实践中，缺乏系统性的总结和理论性高度。共产主义创始人马克思、恩格斯对思想政治的认识注入了对共产主义的宣传实践中。早在 1847 年马克思、恩格斯创立第一个国际性的无产阶级政党——共产主义者同盟时，就在他们起草的《共产主义者同盟章程》中明确提出，参加同盟的每个成员都要“具有革命毅力并努力进行宣传工作”。马克思主义者对宣传工作、理论教育的重视，实际上就是对思政教育的重视，只是那时还没有明确使用“思政教育”这一概念而已。列宁同志继承和发展了这一革命成果，更加明确地提出了政治教育的概念。在《怎么办》中，列宁就明确要求，“社会民主党人不但不能局限于经济斗争，而且不能容许把组织经济方面的揭露当作他们的主要活动。我们应当积极地对工人阶级进行政治教育，发展工人阶级的政治意识。”当马克思主义与中国革命实际结合后，中国的马克思主义者不失时机地进行思政教育内涵研究。在中国共产党人中，毛泽东在《和英国记者贝特兰的谈话》中指出“政治工作”是共产党领导的；周恩来于1934年最早提出了“政治工作是红军的生命线”的论述；陈云在延安时期最早使用“思想政治工作”这一概念。在中国共产党人早期有关“思政教育”的论述中，很难在文字中找到一致的内容，但是其中蕴含着些许本质上的共性。他们有关政治教育、思想教育、道德教育等方面的主张和要求，在本质上反映了中国共产党一贯的主张和做法——在革命斗争中不失时机地进行党员和群众的思想政治建设。因此，虽然他们对思政教育的叫法不同，但是其提出、使用和发展都为后来思政教育概念的提出奠定了基础。

二、思政教育概念的提出

中华人民共和国成立后，随着我国政治建设和文化建设力度的增强，也为了鼓励学生积极地参与社会主义建设，中国共产党充分发挥思想政治工作的优势，通过对学生的思想进行改造，积极进行思政教育工作。第一次明确思政教育的内涵、任务和要求的会议是1950年在北京召开的中华全国学生联合会第十四届扩大会议，会议通过了一项决议——《中国学生当前任务的决议》。这是中国第一次提出“思政教育”的概念。1978年，中共十一届三中全会召开，确立了改革开放的伟大决策。从这一时期开始，我国有关思政教育概念的使用走向科学化。在十一届三中全会之前，有关思政教育的概念没有严格的界定，多是来自实际工作的需要和现实政策的变化。十一届三中全会之后，紧跟改革开放的步伐，随着经济改革的进一步深入和学校的进一步发展，加之学科化建设意识的形成，思政教育概念才真正得以进一步明确和规范。改革开放后，第一次将思政教育作为学科提出是在1980年第一机械工业部和全国机械工会召开的思想政治工作座谈会上，这次会议第一次提出“思想政治工作应成为一门科学”的重要论断。1983年教育部专门召开政工专业论证会，最后确定学科名称为“思政教育学”，专业名称为“思政教育专业”，并决定从1984年开始招生。至此，思想政治学科正式设立，中国思政教育概念得以确立，并为以后的发展奠定了理论基础。随着思政教育学科的设立，思政教育真正地从“无名有实”到“有名有实”，“思政教育”这一概念成为规范的术语，思政教育逐步走上科学化、规范化、系统化的发展轨道。自中华人民共和国成立到现在，思政教育在说法上经历了“宣传工作”“政治工作”“思想工作”“政治思想工作”“思想政治工作”等的发展和转变，虽然这些说法在概念、内容、作用方式、功能导向上有所区别，但是其政治属性是一以贯之的。“思政教育”这一概念的建立，日渐成为规范、统一的术语，这使思政教育研究者开始从不同方面对思政教育概念给出定义和分析，思政教育的概念也日益明晰起来。

三、思政教育概念的发展

从上述“思政教育”这一概念提出和演变的过程来看，它反映了党由革命到建设再到发展的整个过程中对思政教育工作的不同认识。思政教育这一概念的确立过程，可以反映出任何理论的产生都需要一个从实践上升到认识的过程，都需要一个从认识上升到理论的过程，这也为以后我们丰富和发展思政教育这一理论做出了榜样。

这就要求我们在丰富关于思政教育概念的内涵时，既要注重与概念的演进史之间的联系，又要注意克服概念发展史的局限，坚持事实判断与价值判断的统一、社会需要与个体需要的结合、教育内容与教育目标的一致，这样才能使思政教育的概念更加合理和完善。

高等教育阶段的思政教育在我国的发展主要在改革开放以后，但是其过程还是与思政教育概念的发展异曲同工。改革开放以来，高等教育阶段的思政教育的发展呈现出一定的特点。纵向而言，可以将其大致分为两个阶段：一是 1979 年年初到 1989 年 6 月；二是 1989 年 6 月至今。前一阶段，伴随着改革开放的提出，我国社会结构突变，由经济多元发展引发的文化多元化导致了政治多元化的舆论导向，高校大学生萌生出“全盘西化”的思想倾向，加上大学生思政教育尚处在萌芽阶段，本身比较弱化，这便造成了资产阶级自由化思潮在高校范围内肆意泛滥。后一阶段，大学生思政教育由颓势走向旺势。经济上的持续发展，为文化领域提供了强有力的物质支持，“前事不忘，后事之师”，党和国家也加快了思政教育领域法律法规的制定。而加强大学生思政教育的一系列大政方针和不断夯实思政教育的成果，对扭转思政教育的不利局面起到了关键作用。

总体来看，大学生思政教育的发展可谓“跌宕起伏”。近年来，随着大学生思政教育活动和研究的不断深入，有关思政教育的内涵有了新的发展。从目前研究的情况来看，尽管学者们对大学生思政教育所涉及的要素表述不尽相同，但对于大学生思政教育的内涵，都给予了自己的见解和表达，归纳起来，较为集中的有以下几点：

（一）活动说，即表明大学生思政教育作为一种活动的规定性。张耀灿在力图弱化大学生思政教育的阶级本质的基础上，阐明大学生思政教育是“使他们形成符合一定社会、一定阶级所需要的思想品德的社会实践活动”。

（二）行为说，即阐释了大学生思政教育的一种行为形态。苏振芳认为，大学生思政教育是“一定的阶级或政治集团，为实现一定的政治目标，有目的地对人们施加意识形态的影响，以期达到转变人们的思想，指导人们行动的社会行为”。

（三）科学说，即从定性学科的角度去研究大学生思政教育的属性。在《国务院学位委员会、教育部关于调整增设马克思主义理论一级学科及所属二级学科的通知》中，其定义为“大学生思政教育是运用马克思主义理论与方法，专门研究人们思想品德的形成、发展和大学生思政教育规律，培养人们正确的世界观、人生观、价值观的学科”。

（四）功能说，即揭示大学生思政教育能产生某种结果。陆庆壬认为，大学生思政教育是“为实现一定的政治目标，有目的地对人们施加意识形态的影响，以期转变人们的思想”。

（五）系统内容说，即大学生思政教育包含自己独特的内容。邱伟光认为，大学生思政教育内容的选择是“受社会经济、政治、文化的制约和影响的，包括思想教育、政治教育、道德教育”。

第二节　大学生思政教育的特点

高等教育作为改革开放以来发展起来的一种特殊类型的教育形式，既有教育的共性，又有自己鲜明的个性特色，不仅是专业特色，还包括其他各个层面的特色，尤其是高等教育阶段学生思政教育的特色。要想做好高等教育阶段学生的思政教育工作，必须正确认识和把握高等院校学生思政教育的特殊性，同时兼顾大学生个性心理发展特点，以此为依据才能制订正确的思政教育目标、任务和方针，从而进一步促进高等院校的思政教育工作取得实效。大学生思政教育过程作为一种相对独立的教育过程，也有其发展特色，在这方面，思政教育的研究者已经形成共识。具体而言，有下面几个突出的特点。

一、大学生思政教育具有明确的计划性和鲜明的正面性

哲学将世界分为物质和意识，那么就可将环境分为物质环境和精神环境。在社会发展过程中，精神环境表现为一个国家和社会的精神状态、社会面貌、社会风气、进取精神等现象，是一个国家和社会中最活跃、最有潜力、最富有生气的动态系统，是社会发展的整体性精神力量，是社会进步与发展的精神资源，是人全面发展的精神基地，建设良好的精神环境，是一个国家对人民最基本的价值承诺。物质环境及精神环境构成了影响人类生存发展的两大环境。其中对人类影响更大的是精神环境，其突出表现就是精神环境对人的思想道德发展的作用最大。在现实生活中精神环境和物质环境纵横交错，交织在一起，相互叠加。环境对人的影响具有随意性，对人影响的过程往往是盲目的、无序的、随意的，如不加以控制，很难把握环境影响的方向性，当然其影响的后果也是难以预料的。思政教育作为精神世界的组成部分，对人的影响却是积极的、有序的、有计划的、有条理的。因为思政教育是指

社会或社会群体用一定的思想观念、政治观点、道德规范，对其成员实施有目的、有计划、有组织的影响，使他们形成符合一定社会要求的政治思想和道德品质的社会实践活动。简言之，进行思政教育，目的就是将外在的社会要求内化为受教育者的内心信念并推动其产生良好行为。思政教育活动的计划性表现在以下几个方面：一是目的性。思政教育的目的明确，就是培养社会主义现代化建设者和接班人。二是组织性。思政教育由一系列的组织单元构成，这其中包括教材、思想政治工作教育者、思政部门等，通过制订完备的教育计划，努力营造良好的环境氛围，使思政教育过程更有成效。三是针对性。大学生思政教育针对的是受教育者，也就是大学生，其能够根据大学生精神世界发展的需求及其思想品德发展的实际以及心理发展特点进行教育。

与计划性密切相关的另一个特征是正面性。所谓正面性是指思政教育的影响总是选择积极的价值内容和最有利于受教育者发展的教育方式。思政教育鲜明的正面性要求思政教育的内容选择和教育影响都应是积极的、有价值的。中国共产党在不同时期始终坚持思政教育的正面性，形成中国人和中国社会发展的强大动力，推动中国社会改革与发展。纵观社会主义中国革命和建设的历史，党的创立和大革命时期，中国共产党满腔热忱，宣传革命思想、革命理想，马克思主义、共产主义的理想等作为一种全新的世界观和方法论，是先进文化的典型，也是成千上万的人民群众抛头颅、洒热血，进行反帝国主义反封建的强大动力。抗日战争时期，中国共产党所主张和积极宣传的民主主义、爱国主义、统一战线思想、持久战思想、全民抗战思想等成为中国人民众志成城，万众一心，战胜日本法西斯强盗，寻求民族解放的精神动力。在解放战争时期，中国共产党所宣传的争取民主、争取和平的政治主张，以及新民主主义土地政策、建设思想的宣传，毫无疑问也成了解放人民的驱动力量。中华人民共和国成立初期，爱国主义的思政教育正是推动全国范围内抗美援朝运动的精神动力，也是志愿军战士战胜强大敌人的重要动力和源泉。改革开放初期，中国特色社会主义理论，代表着中国先进文化，推动着中国改革开放和中国经济、社会的高速发展。

思政教育的正面性就是促进人的全面发展，即思政教育要体现出人的个体价值和社会价值。坚持思政教育内容的正面性，表现在大学生思政教育过程中，就是教育工作者应该积极弘扬社会主义主旋律，向大学生传达社会主义核心价值体系的相关内容，坚持用马克思主义、毛泽东思想、邓小平理论、“三个代表”重要思想以及科学发展观进行统筹。坚持思政教育手段的正面性，大学生思政教育的发展必须处处体现公正和公平，这种特质在思政教育手段上应该鲜明体现。教育手段的正面性是维系思政教育正面性的重要标志，舍此便无所谓思政教育。因此，在思政教育过程中，应始终旗帜鲜明地坚持积极的、正面的思想、政治、道德价值的选择和引导。

二、大学生思政教育具有突出的复杂性和广泛的社会性

大学生思政教育的本质任务是促进大学生群体的全面发展。大学生思政教育是组成我国思政教育的重要一环，是促进我国现代化建设的重要力量，是培养高素质合格人才的根本保证。与高等教育其他内容相比，思政教育工作的时间、空间、方法和手段是不同的，具有显著的复杂性特征。大学生思政教育的复杂性体现在两个方面：一是大学群体的开放性、自主性。考虑到大学生思政教育主体的个性心理发展特点的开放性和自主性，不得不使思政教育变得更为复杂。由于在教育过程中注重个体性的同时还必须注重个体的社会性，使得高校思想政治活动必须做到“因人施教”。二是高校的整体性。高校在发展的同时还要帮助个体成长。哲学强调的是部分与整体的关系，所以在处理大学生思政教育的过程中，也应该考虑整体性发展。与思政教育同为高校部分的专业教育，其发展的过程中既有竞争，又互相提携，这使得高校思政工作变得异常复杂。

大学生思政教育还体现出广泛的社会性，表现在两个方面：一是在思政教育的内容上具有广泛的社会性，二是在思政教育方法上的选择具有广泛的社会性。当然，在发挥社会性的同时，还要结合大学生思政教育的政治性展开。

复杂性与社会性是思政教育的两个重要属性。两者在前提、地位以及实现功能上存在差别，思政教育的复杂性和社会性是相互联系、有机统一的。在实践中，我们要合理把握思政教育的社会性与政治性之间的关系：加强思政教育的政治性，防止思政教育的“泛社会化”；合理利用思政教育的社会性，提升思政教育的实践效果；正确结合思政教育的复杂性和社会性特征，实现两者在现实功能上的有效整合。

三、大学生思政教育具有积极的引导性和明显的长期性

大学生思政教育是一项育人工程，它的好坏关系着我国现代化建设质量的好坏。大学生思政教育工作具有明显的正面引导性。这种引导性体现在思政教育的内容、手段、方针等各个方面，要求对大学生的思想、政治、道德等方面的发展做到正面引导。积极的正面引导有利于大学生形成高校的道德情怀，有利于构建大学生科学的世界观、人生观、价值观。

大学生思政教育还是一项长期性和坚持性的教育活动。大学生思政教育是在长期生活实践中逐渐形成的，是一个渐进的过程。这种长期性一方面要求教育者坚持大学生思政教育活动的系统性和连续性；另一方面要求受教育者坚持将教育内容本身化，并将这一活动坚持下去。

当然，在大学生思政教育的发展完善过程中还会呈现出新的特点，需要我们时刻把握思政教育的发展动态。

第三节　大学生思政教育的过程及基本规律

一、大学生思政教育过程的含义

大学生思政教育是一种特定的信息传播活动，是以中国特色社会主义理论体系为核心内容的价值观念的信息传播，是以提高大学生的思想政治素养为特定目的的思政教育的信息传递过程。大学生思政教育过程是大学思政教育者根据一定社会的政治思想品德要求和大学生思想政治素质形成发展的规律，通过对大学生施加有目的、有计划、有组织的教育影响，把一定的社会思想观念、价值观念、道德规范转化为大学生思想品德的过程。大学生思政教育过程是思政教育过程的一个子集，是专门针对大学生这一特殊群体所进行的探寻。

学术界对“思政教育过程”含义的界定，比较有代表性的观点有：

（1）“思政教育过程，是指在一定环境的影响下，教育者根据本阶级的政治目的和社会指导思想的要求，对受教育者进行有组织、有目的、有计划的教育，帮助他们形成正确的思想政治品德所经历的程序。”该观点强调了思政教育过程中的环境因素。

（2）“思政教育过程是教育者组织教育活动，通过有目的、有计划、有组织的影响，把社会要求的政治观点、思想体系和道德规范，转化为受教育者的思想政治品德，它包括教育者施加影响和受教育者接受影响这两个方面的活动。”这是提出思政教育过程概念最早的一个观点，说明了思政教育过程是一个双向互动的过程。

（3）“思政教育过程是教育者根据一定社会的思想品德要求和教育对象的思想品德形成与发展规律，借助一定的思政教育物资和思政教育中介与受教育者发生互动，通过教育者对教育对象施加有目的、有计划、有组织的教育影响，促使教育对象内在的思想品德产生矛盾，使教育对象养成符合社会与人协调发展所要求的思想品德的过程。”这一概念把思政教育过程应遵循的规律和要求都界定在概念之中，使概念更加完善，从中可以看出思政教育过程是一个有目的的过程，需要教育者和受教育者的共同参与完成，这是目前学界比较认同的观点。

以上几种观点都认为，思政教育过程包括教育者自觉地施加教育影响和受教育者能动地接受教育影响这两个方面的教育活动，它是教育者和受教育者相互作用、相互影响的过程。不同的是，在后来的研究中，学者们把影响思政教育过程的环境、思政教育的价值、遵循的规律、采取的教育方法以及思政教育的本质内容等也概述在其中，使思政教育的概念得到了不断丰富和完善。

根据以上诸家对“思政教育过程”含义的界定，总结出大学生思政教育过程应该包含以下四个过程。

第一，大学生思政教育过程是一种双向互动的活动过程，是思政教育主体与思政教育者之间交流的过程。

第二，大学生思政教育过程是一种目的性凸显的活动过程，就是要培养受教育者形成符合一定社会所期望的思想品德的过程。

第三，大学生思政教育过程是教育者和受教育者共同参与、相互作用的过程。

第四，大学生思政教育过程是教育主体实现个体价值与社会价值的过程。

二、大学生思政教育过程的构成要素

思政教育过程理论是思政教育学理论体系的重要组成部分，而思政教育过程的构成要素则是研究思政教育过程不可回避的一个重要问题。自思政教育学原理诞生以来，理论界一直都在对这一问题进行探讨并取得了可喜的成绩。但是，直至今天，学界对思政教育过程构成要素的认识还存在分歧，在对某些要素能否成为思政教育过程构成要素的分歧还较大。

思政教育过程的构成要素归纳起来主要有以下两种观点：

一种观点认为是教育者、受教育者和社会要求的思想政治品德规范，具体为：一是思政教育工作者及其教育活动；二是受教育者及其接受、内化、外化教育信息活动；三是受教育者与教育者之间的中介物即教育手段，包括教育内容、途径、方法等。另一种观点认为构成思政教育过程的要素主要有四个，即教育者（主体）、受教育者（客体）、思政教育的内容和方法（介体）、社会环境及其所提供的教育支撑条件（环体）。

综合以上观点，我们采取后一种观点进行论述。

教育主体，是指在思政教育过程中有目的地对受教育者施加教育影响的个人或群体。它既可以是各种组织团体即团体代表，如家庭、学校、机关、企业、社团、群团各级组织、共产党各级组织等，又可以是各类教育工作者即个人，如教师、专家、学者、英模、老党员、老军人、老干部、老工人等。

教育客体，是指在思想教育过程中有目的地被教育者施加教育影响的对象，这里指高校学生。大学生学习的过程就是受教育的过程，在这一过程中大学生具有对教育影响的理解性、判断性和自主选择性。

教育介体，包括教育内容和教育方法等，是指在思政教育过程中，教育者用来影响受教育者形成一定社会所要求的思想品德规范以及教育活动的各种方式和手段。

教育环体，是指对人的思想即思政教育有推动或阻碍作用的环境。环境对思政教育的影响是自发的、潜移默化的。其中既有积极正面的影响，也有消极负面的影响，优良的环境会促进思政教育过程的顺利进行，而恶、劣、衰、败、差的环境则会阻碍思政教育过程的前进，影响或推迟思政教育目标的最终实现。因此，在思政教育过程中，要努力营造优良的社会及自然环境，为思政教育目标的实现提供环境支持。

三、大学生思政教育过程的基本规律

列宁指出："规律就是关系，本质的关系或本质之间的关系。"思政教育过程有其自身固有的规律。其规律就是思政教育过程中诸要素之间的本质联系及其矛盾运动的必然趋势。规律具有客观性。思政教育过程的规律同样是不以人的意志为转移的，不管人们是否意识到它，它都在起作用。规律是事物发展中本身所固有的、必然的、本质的、稳定的联系，决定着事物发展的必然趋向。规律具有客观性，人们不能随意创造和改变规律，只能发现、把握和利用规律。

大学生思政教育过程规律是指高校在进行思政教育的过程中各要素之间固有的、本质的、稳定的、必然的联系。大学生思政教育规律所揭示的就是各要素之间矛盾运行及其发展的必然轨迹。它可具体表述为：教育者的教育活动一定要适合受教育者的思想品德状况的规律，简称为"适应超越规律"。它包括两个方面的内容：一方面，大学生思政教育的层次性要求根据教育主体的个性心理发展特点和思想道德状况来决定，不同的教育主体应该采取"因人而异"的教育方式；另一方面，大学生思政教育工作者与教育主体之间存在互动关系。

具体地理解大学生思政教育规律，至少应该包含以下几点：

（一）思政教育的对象具有广泛性的特点，大学生思政教育规律只存在于对大学生这一特殊群体进行思政教育的过程中，这主要说的是思政教育对象的"唯一性"

所谓思政教育对象的唯一性指的就是思政教育客体的唯一，这是针对思政教育的广泛性而言的。大学生思政教育的特点，决定了大学生思政教育必须是"多对一"的关系，即教育内容、教育方法、教育者服务的对象只能是高校大学生群体。超出这一群体，或者超出这一群体的思想道德发展水平的教育都违背了教育的唯一性。

（二）大学生思政教育过程规律是教育主体、教育客体、教育环体、教育介体之间的相互联系或相互关系

大学生思政教育过程研究的是教育主体、教育客体、教育环体、教育介体之间的相互联系或相互关系。在实际的思政教育活动中，教育主体在教育介体中，借助教育环体对教育客体施加影响。其中，教育主体与教育客体通过间接的方式进行互动联系。教育环体与教育介体的优劣都或多或少地影响着教育效果的发挥。因此在进行思政教育的过程中，一定要善于利用教育介体和教育环体。要想发挥大学生思政教育过程中教育主体、教育客体、教育环体、教育介体的作用，应该做到以下两点：一是要注重发挥教育主体和教育客体的主体性。在思政教育实践活动中，无论是教育主体，还是教育客体，都是具有一定社会意识和行为活动能力的人，都具有主体性，在思政教育过程中，应该积极促成教育者与受教育者的双向互动。二是要积极发挥教育环体和教育介体的积极性，做到“趋利避害”。

（三）大学生思政教育的过程是内化与外化相统一的过程

一个完整的思政教育过程包括内化与外化两个环节。关于内化与外化的含义，理论界已做出了精辟的阐释。外化就是把内化要求的“我要这么做”化为“我已经或者正在这么做”。内外化目标的实现不可能一蹴而就，要分阶段进行。内化分盲从、认同和信奉阶段；外化分明确问题阶段、选择合适的行为方式和实践并养成习惯三个阶段来完成，而且内化、外化的顺利实现，还需要一定的内外部条件。内化的实现途径主要是从注意教育者的影响和选择合适的教育方式，这些实现内化的外围方面来探讨；外化的实现主要是在教育者的引导下，调动教育对象的主动性，组织各种形式的社会实践活动，进行强化行为训练。

高校思想政治过程是一个整体。在思政教育过程中，内化和外化是辩证统一的。内化是前提，外化就是目的；内化是外化的基础，外化是内化的归宿；没有外化，内化就会失去意义；没有内化，外化显得“捉襟见肘”。外化存在于内化中，教育客体思想政治素养的形成来源于自身外化来的社会实践；内化中也有外化，教育客体进行实践的依据就是来源于内化的思想政治素养。

（四）注重部分与整体的关系，整合各种因素形成合力，发挥系统作用的规律

大学生思政教育过程是一个整体，这个整体是由教育主体、教育客体、教育环体、教育介体四部分构成的。它们之间相互协作、和谐相处，有利于思政教育过程的整体发挥。在思政教育过程中应该积极发挥各方面的合力，调节各方面活动的积极性。《中共中央国务院关于进一步加强和改进大学生思政教育的意见》提出了“思政教育首位、合力育德的‘大德育’整体观念，思政教育的整体观是思政教育的‘主导’观念”。这就要求我们发

挥各方面诸多因素积极进行思政教育的整体性构建。

（五）理论创新和方法创新相统一的规律

兼具理论性和实践性是大学生思政教育的重要特点。思政教育理论要突出实践性，这不仅是时代的需要，更是大学生健康成长的需要。大学生思政教育过程中教育理论的研究要充分实现该理论的价值，而理论价值得以实现的最有效的方式就是要将其投于实践，因为“实践是检验真理的唯一标准”。因此，针对思政教育理论的缺失，我们可以尝试将思政教育理论与高校实践相结合，在检验理论的同时发展和丰富理论。同时，大学生思政教育也要紧紧依靠理论，借助理论的“先知”推动思政教育实践的深入研究。这不仅是思政教育理论的创新，也会引发思政教育实践的发展和创新。

思政教育活动是一项理论性很强的社会实践活动。我们要牢牢坚持这一实践活动和理论活动不动摇。高校在进行思政教育实践的过程中，应该将理论与实践结合，不断丰富和发展理论，创新理论内容和形式，在实践过程中要紧紧把握理论的科学性、现代性、专业性的特点。理论创新和方法创新相统一的规律，是思政教育的一条重要规律。

（六）把握好大学生思政教育规律与思政教育过程规律、思政教育工作规律之间的辨别和区分

大学生思政教育规律与思政教育过程规律、思政教育工作规律的联系在于它们都属于思政教育规律体系范畴，教育过程中的内容、方法、手段之间存在共性，它们既有联系，又有区别。

四、大学生思政教育的价值

大学生思政教育的价值是指大学生思政教育传播和发散的教育内容的作用和意义。它是由大学生思政教育在整个教育体系中的地位及其在两个文明建设中所起的作用决定的，其价值主要体现在对具有创新精神和实践能力的高素质人才的培养和对社会主义物质文明与精神文明的协调上。

大学生思政教育价值是指大学生思政教育的属性、功能对大学生的需要满足的效用。思政教育的价值形态结构是相对应存在的，主要有理想价值和现实价值、正面价值和负面价值、直接价值和间接价值、绝对价值和相对价值、个体价值和社会价值及目的价值和工具价值。另外，思政教育还有广泛的社会价值，即政治价值、经济价值、文化价值和管理价值。

（一）政治价值

政治价值在大学生思政教育社会价值中居于首要地位，要从整体上认识和把握思政

教育的政治价值，主要应从以下三个方面去研究和理解：其一，净化社会风气，弘扬主旋律。大学生作为社会中的精英阶层，通过适当的政治教育可以净化大众的精神生活，实现为社会经济基础和政治制度服务。其二，为推动政治发展提供思想基础、精神动力和方向引导。政治价值的实现有利于保障我国政治发展的马克思主义方向。其三，实现社会的和谐稳定，对于化解社会矛盾、维护民生和社会稳定、促进社会和谐起着十分重要的作用。

（二）经济价值

经济价值即促进经济发展，满足人们物质生活需要的价值。具体来讲，大学生思政教育的经济价值体现在三个方面：一是大学生思政教育为经济发展提供智力支持，思政教育通过激发和调动大学生参与社会生活的积极性促进经济的发展和社会的进步；二是大学生思政教育在一定程度上保障了经济发展的方向，它能够使我国市场经济与社会主义基本经济制度、政治制度相结合；三是大学生思政教育营造了经济发展的有利环境，在大学生思政教育过程中，通过法制教育、道德教育可以塑造大学生良好的参与经济的道德基础和法制基础，有利于经济快速、和谐、健康发展。

（三）文化价值

文化是中国的软实力，大学生思政教育的文化价值具体体现在两个方面。一是思政教育具有文化选择功能。通过对大学生进行思政教育，培养了大学生对不同文化的甄选和判断能力。对于优秀、积极向上的文化，大学生群体能够吸收并积极发扬，营造出良好的文化氛围。二是思政教育具有文化创造、再生功能。大学生思政教育总是渗透到社会生活的方方面面，因此大学生与文化进行发酵后，能够创造出正能量的文化因素。通过传播主导的政治文化，使其沿着正确的方向发展，创造出优秀文化，培养出具有个性特征的个人。

（四）管理价值

管理主要分为硬管理和软管理两个方面，硬管理是指依靠法律、规章和制度等强制性手段进行管理；而软管理也称柔性管理，是指利用文化教育进行熏陶。思政教育的管理价值主要体现在两个方面：一是有利于降低管理成本，切实提高管理的效率。二是在管理过程中培养未来的政治管理者。大学生思政教育过程中，通过大学生的自我管理，锻炼了一批有能力、讲素质的实干型管理人才，他们进入社会后，能够更加娴熟地运用各种管理手段，参与社会管理。

思政教育四个方面的社会价值体现了思政教育最本质的价值，只有它们之间相互作用才能更好地发挥出思政教育的价值，满足人们对思政教育的期望和需求。

第四节　新媒体的含义与特征

近年来，信息科学技术的发展十分迅猛，与此同时传媒技术也日新月异，受到了人们的普遍关注和青睐。新媒体时代的到来，给整个社会带来了新的技术和新的理念。

新媒体对于我们而言并不陌生，它遍布于社会生活的方方面面，比如新颖实用的手机应用程序、清晰巨大的户外电子屏幕以及实时更新的门户网站等。

一、新媒体的含义

P. 戈尔德马克（P.Goldmark）是 NTSC 制（正文平衡调幅制）的发明者，同时也是美国哥伦比亚广播电视网技术研究所所长。他曾在 1967 年发表了一份有关开发电子录像商品的计划书，而“新媒体”也是在此计划书中首次被提出的。1969 年，美国传播政策总统特别委员会主席 E. 罗斯脱（E.Rostow）在向尼克松总统提交的报告书中，也多处使用了新媒体一词。因此，新媒体一词在美国社会上得以广泛使用和流传，并逐渐扩散至其他国家乃至全世界。然而到目前为止对于新媒体一词，人们并没有给出统一明确的定义和解释。

美国《连线》杂志对新媒体的定义是“所有人对所有人的传播”；联合国教科文组织则将其定义为“新媒体就是网络媒体”。在国内，清华大学新媒体研究中心熊澄宇教授认为：新媒体主要包括在线的网络媒体和离线的其他数字媒体形式，它是一种基于计算机处理技术出现和影响的媒体形态。新媒体相对于电视媒体和印刷媒体而言更具广度和深度，不仅具有极强的个人性、互动性，同时在感知方式上更具多样性，比从前的任何媒体都更有力度。

中国传媒大学宫承波教授认为：“新媒体首先是一个时间概念。”20 世纪 70 年代的新媒体仅仅是指兴起不久的电视，之后互联网的出现和发展使电视成了“传统媒体”。在媒介发展史上，每一次的媒介技术变革，都必然会引起新媒体信息技术的发展，并在短期内制造出一个新的媒介产品。这些产品被归类于新媒体当中，新媒体的外延不断拓展。此外，新媒体又是一个技术性的概念，目前的新媒体，具体而言是指依托互联网技术、移动通信技术、数字技术等新兴科技而产生的向受众提供信息服务的一系列新的手段或工具，种类十分丰富。就传播学来看，新媒体可具体分为新型媒体和新兴媒体。新型媒体主要包括车载移动电视、户外媒体以及楼宇电视等，它是基于传统媒体并依托新技术而衍生出来的，并没有从根本上改变其传播形态，然而在传播范围以及信息质量方面却有了极大的改善和提高。新兴媒体主要以电视媒体、网络媒体以及手机媒体为代表，它们是新兴媒体的典型形态。

由此可见，新媒体是与“传统”“旧”等词相对而言的，是一个相对的概念。新媒体的内涵，主要是指在20世纪后期的世界科学技术迅猛发展之下，社会信息传播领域出现是建立在数字技术基础上的，不同于传统媒体的信息传播更广、速度更大、传播方式更为丰富的新型媒体。就新媒体的外延而言，《中国新媒体发展报告（2010）》将其分为狭义新媒体和广义新媒体。狭义新媒体与传统媒体迥然不同，它主要包括互联网和移动网络。而广义新媒体则包含大量的新兴媒体，主要是指依托数字技术、互联网以及移动网络而兴起的媒介形式，其中不仅以网络媒体为主要内容，还包括传统媒体运用新技术以及新媒体而形成的新媒体形式。

二、新媒体的特征

对于新媒体的特征，学者和专家都有着不同的见解和认识，在这里主要指出新媒体的十大特征：

（一）全域性

更大程度上打破了空间和地域的限制，信息的发布和传播，仅依靠设备与传输信号就能有效完成。

（二）全时性

信息的发布随时可行。

（三）全媒体性

除了可运用文字和图片实现信息的传播，同时还附有音频、视频等多触觉通道。

（四）全速性

传播速度快。

（五）全民性

任何一位民众都能参与到信息的传播过程中去，成为一名记者或一名编辑，推动信息的传播。

（六）全渠道性

可使用手机、电脑、短信、应用软件等发布信息，客户端多样化。

（七）全互动性

在信息的传播和发布中，不同的受众可针对不同的信息和主题进行讨论，不再是固定的“头版头条”。

（八）去中心化性

每一名用户都能参与到传播的任何阶段中去，并实时发表评论和意见。

（九）去议程设置性

不同的信息发布人可从自己的语言习惯出发传播信息，没有固定的用词模式限制。

（十）自净化性

就目前来看，在新媒体的传播过程中，相较于正面信息，负面信息的传播面积更大更广，但是负面信息通常会有有关人士出面澄清和处理，因此有些负面信息以及误解能够得到遏制。

就以上特征而言，新媒体与传统媒体观念表现出了很大的不同，而只有有效利用和发展新兴技术，才能促使新媒体更好更快地发展。此外，新媒体的以下几个特征也需要特别注意：

一是高交互性和平等性。传统媒体就交互性方面来说是比较弱的，媒体的地位往往更高于受众，受众的反馈较为无力。报纸包含编读往来、热线电话环节，电子版本虽也有一些运用，却只是作为一个辅助工具来协助信息发布和传播，作用发挥没落到实处；广播电视在互动性方面较差，是一种单向传播，通常信息会源源不断地向受众涌去，受众却无法在广阔的信息海洋中选择和筛选自己想要的信息。虽然在传统媒体中也存在一些互动方式，体现些微互动性，如写信、打电话等，但是它们主要还是单向性的，因为它们是在特定的时间向受众传播信息，受众处于被动地位，信息反馈较为无力，信息的流动性较差。

而新媒体则在信息的传播方式上具有双向性，同时相比传统媒体而言，它的交互性也是极为强大的，是新媒体的一个突出优势。主要表现在以下两个方面：信息的发送者与信息的接收者实现双向交流；在信息交流的过程中，每一名参与的个体都拥有控制权。信息传播者和受众之间的互动更为方便快捷，广泛而深入。受众在信息的交流过程中不再处于被动地位，可采用多种方式发表意见和看法，如网络群聊、微博评论等。此外还能实现受众的有效反馈，并根据反馈及时对自己的言行进行调整，实现在“任何时候，任何地点，对任何人”的互动传播。如今，不管是电视节目还是广播电台，都极为重视与受众的互动，通过信息、微信、微博等鼓励受众参与和反馈，体现信息价值。

手机、网络之所以能够得到现代社会人们的普遍认可和接受，成为人们社会生活中不可缺少的重要部分，主要是由于它弥补了报纸、广播等的某些不足和缺陷，使人们能够更全面、方便、快捷地获知信息并自由地表达自己的观点和看法，使信息的传播者和接收者形成平等关系，不再一味地强调媒体的作用，而是更加注重同媒体以及其他受众的互动，发现更多可能，发出更多的声音，影响信息传播者。

二是大容量和易检性。从日常生活中我们可以发现，广播电视在信息发布和传播中有明显的时间限制，报纸版面登载的信息内容也十分有限，这是它们的主要缺陷，而新媒体则完全不存在这方面的问题。不管是哪一个新闻网站，在进行新闻浏览和查询时，都能发现它的相关信息链接是十分丰富和齐全的，它能够提供给人们传统的平面媒体所不能提供的一些信息，如相关话题报道、专家评价和社会舆论等。同时，它在历史信息查找等方面也显现出了明显的便捷性和全面性。而纸媒体虽可储存，但在查询上十分不便；电视媒体的查询往往需要借助第三方介质，因为它本身不能暂停阅读和存储。

三是即时性和开放性。电视、报纸等传统媒体在完成信息的发布到反馈这一过程时是需要花费较多时间的，而新媒体则打破了时间和空间的限制，能够即时地接收和发布信息。新媒体的信息交流是双向的，任何参与个体都有参与权。并且信息的传播和接收可以同时完成，信息的传播者和受众也可以是其中的任何一个参与个体，可以随时对信息进行加工发布。信息的传播有效地打破了时间和空间的限制，同时也不再受限于电脑终端设备，可以随时随地发布和接收信息。尤其是一些社会焦点问题和突发事故报道中，互联网、手机、微博等的结合，使人们能够全方位、多角度、实时掌握事情的“第一手”资料，这是传统媒体无论如何都无法实现的。

传统媒体在信息的表达上，通常会受“把关人”的审核，受众获取信息一味依赖“信息采编中心”。尤其是国际之间由于进行文化控制，一些境外媒体的传播受到了严格的规定和限制，因此，通常传统媒体的信息传播，仅限于国家和地区范围内传播，达不到全球化传播的标准和要求。而新媒体利用了通信卫星和互联网，传播速度更快，打破了时间和空间的限制，仅依靠信息传播接收设备即可完成信息传播，不管在世界的哪个角落都能获知你想知道的内容。信息发布者本身也能成为互联网的“中心”，可以通过博客、播客等发布视频、音频、图片等，并就信息发布自己的见解和评论。用户可以利用搜索引擎以及标签聚合等网络应用，在不同的网站采用不同的信息渠道直接搜寻和查找信息，真正实现“空间无屏障”“资讯无屏障”。

另外，新媒体还表现出明显的“草根化”特点，这也是其开放性的一种体现。在新媒体中没有身份地位限制，每一个人都能建立和形成自己的独属空间，并在这个空间中发表自己的意见和观点。人人都能化身编辑和记者，就信息进行采集、调查和发布，这有效地增加了信息提供者的数量，同时也极大地丰富了网上的信息内容，满足了人们生活各方面的信息需求，开拓了人们的视野，丰富了人们的生活。

四是便捷性和直观性。新媒体与传统媒体的一个明显的区别就在于，传统媒体的报道是线性的，而新媒体则是网状的。通过网络用户之间能够随时随地进行交易，可以使用不同的机器、与不同地域范围的用户进行交流。新媒体的检索功能方便快捷，信息存储能力极为强大，能够随时随地存储和检索信息。通过电脑，便可知天下事，“行”万里路。

随着网络服务器技术以及手机硬件技术的快速发展，两者的信息存储能力将大大增强，最大限度地实现了各种传播形式的“兼容并包”。传播手段的丰富多样，大大增加了受众的可选择性，受众能够根据自己的喜好、需求自由选择图文并茂、有字无声、有声有像等多种形式，同时还能够运用相关软件对信息加以编辑使用，有效运用到生活和工作中去。

新媒体可以实现图像、音频、文字、画面的一体化。一条信息的存储可采用多种多样的文本形式，也可以制作成声音、图形、活动图像，根据用户需求将信息进行形式转化，具有极强的娱乐性、直观性以及形象性。

科学技术的高速发展，进一步开发和拓展了手机和网络等新媒体的功能。手机媒体的使用，从短信、通话到彩铃、彩信，从头条新闻到手机报纸，从游戏互动到音乐下载，从电话订票到手机绑定支付。同样，运用互联网，用户可在微博、博客、BBS 等平台上自由地发表见解和评论；运用多媒体直播间、文件多种形式进行信息的传递等。通过新媒体，各种信息都能得到即时地传送和传播，形式更具多样性和直观性。

五是个性化。传统媒体的信息传播主要是采用以“点对面”的方式完成，不能为个体单独制作、出版和播放。而新媒体则提供了“点对点”的信息传播服务，传播者可采用“信息推送技术”为受众提供多样的个性化服务。在网络中，信息终端地址是固定的，如 QQ 号、邮箱地址等，信息传播者可根据固定地址明确受众对象，并进行信息的传播。此外，受众也可以利用形式多样的检索工具，在各类数据库中搜寻所需信息；可以选择信息的接收地点、接收时间和媒介的表现形式。因此，用户对信息享有绝对的控制权，能够根据自己的需求、喜好等专门选择、定制和检索相关信息，制定个性化服务，也使得信息的传播者和接收者地位趋于平等，实现对等的、相互的个性化交流。“每个人都可以用一个私有的可信赖的传播载体，每个用户都是消息源，取消了门户的限制。”在新媒体中，用户都拥有可以展示自己的工具，如微博、博客等，通过这些方式人们可以成为一名编辑，成为一名记者，成为有关信息的发布者，在法律与道德允许的范畴下，表达自己观点和意见，传播自己所获得的、关注的信息。

第五节　新媒体发展状况分析

一、全球新媒体发展现状与思考

（一）全球新媒体发展现状

社会进步实质上是依靠先进的生产力来推动的，科技文明只有在适应人类需求不断更新的前提下才能被人们认可和依赖。媒体是历史发展的必然产物，媒体各个阶段的改革发展和成长过程，都具有历史必然性。现今，社会经济发展迅速，科技文明也随之不断发展和变化，新媒体在这一时代的发展中占据着重要的地位和作用。

以下数据可以展示全球新媒体的发展情况。2011—2020 年，全球互联网用户数量持续高速增长，截至 2020 年 6 月，全球互联网用户数量达到 46.48 亿人，占世界人口的比重达到 59.6%。其中北美洲达 3.49 亿、欧洲达 7.28 亿，而亚洲达 23.66 亿。其中亚洲用户又以中国居多，高达 9.04 亿，为全球互联网用户最多的国家。在移动新媒体方面，至 2020 年初，全球手机用户达 52.2 亿，其中智能手机用户约 40 亿。在搜索引擎方面，2020 年谷歌全球搜索市场份额排名第一，占据全球搜索市场 91.38% 市场份额。在社交媒体方面，全球有 42 亿社交媒体用户，占全球总人口的 53% 以上。。

（二）对全球新媒体发展的深入思索

如今，新媒体在全球范围内深入发展，给人们的生活、学习和工作带来了深刻的发展和变革。新媒体时代的发展方便了人们的生活，同时还增加了人们对新媒体发展、对世界信息与传播秩序的影响的关注度。

第二次世界大战后一直到今天，虽然新媒体的发展奠定了国际传播新秩序的基础，但是发达国家仍在新媒体领域占据着优势。比如，谷歌在非洲地区进行了业务拓展，使非洲的网速得到了极大的提高和改善，资费也随之降低；同时，还协助实现了非洲的一些国家政府的信息数据化。因此，谷歌能够在非洲地区占据极大的数据市场份额，若是不加以监管任其发展，那么在不久的将来谷歌极有可能主导非洲的整体网络系统。

在 2014 年中央网络安全和信息化领导小组的第一次会议上，习近平总书记指出“网络安全和信息化是事关国家安全和国家发展、事关广大人民群众工作生活的重大战略问题”。因此，广大发展中国家必须要提高对新媒体发展的认识，把握新媒体发展面临的主要问题和严峻形势，奋起直追，坚定不移，勇于创新，不断提高媒体发展的软实力，制定与自身实际相符的发展战略，维护国家信息安全、主权安全。

二、我国新媒体发展历程

我国的新媒体起步较晚，但发展速度较快，拥有和形成了传统媒体所无法企及的庞大用户群及影响力。

（一）网络新媒体的发展

1994 年，我国首次开通了与国际互联网的网络通信，成了国际互联网中的成员。

1995 年，张树新创立“瀛海威时空”，这是我国首家互联网公司，至此我国民众才进入互联网。

1997 年是中国的“互联网元年”，互联网在我国迅速发展，用户规模以半年翻一番的速度增长。

1999 年到 2000 年，我国互联网网站兴起，网民数量不断增长。至 2000 年 7 月，网民数量达 1690 万，CN 注册域名达 9.9 万个。

21 世纪初期，中国正式进入了新媒体时代，网民数量不断增加，有 162 家具有新闻登载资格的网站，有 1400 多家新闻单位提供网上新闻服务。之后，《人民日报》网络版改为人民网；新华社网站改为新华网；中央电视台网站则就其体制与投资方面进行了调整；电信部门成立了信息服务网站；许多省市开始了股份制联合办网，如北京的千龙网等。此外，有线网络的数字化技术走向成熟，2003 年广电总局确立了构建服务平台、传输平台、监管平台、节目平台的完整数字电视体系和在同一时间、统一完成一定范围内有线电视用户的数字化目标。

2005 年至今，我国的网络媒体走向成熟发展期，网民数量迅速增长。中国互联网络信息中心（CNNIC）公布了第 39 次全国互联网发展统计报告。报告显示，截至 2016 年 12 月，我国网民规模达 7.31 亿，全年共计新增网民 4299 万人。

（二）手机媒体的发展

手机也称为移动电话，它具体是指在移动状态中，可以在较大范围内使用的便携式电话终端。1978 年，美国芝加哥开通了移动电话通信系统。1979 年，日本建设了世界首个蜂窝移动电话网。1982 年，欧洲研发了“GSM”，它是泛欧洲的数字蜂窝移动通信系统。当时的手机并不算是“媒体”，因为其仅仅用于移动中的语音通话。

1987 年，中国移动通信开通了 900MHz 模拟移动电话业务。

2000年5月，中国移动通信开通短信服务。随后，开设“彩信”增值业务。

2004年2月24日，人民网推出我国第一家以手机为终端的“两会”无线新闻网；2004年起，中国联通和中国移动提供手机视频服务；2004年7月18日，《中国妇女报》推出《中国妇女报》（彩信版），它是我国首家手机报；2004年11月，我国首部手机小说《距离》上线；2005年3月，北京开机拍摄我国首部用胶片制作的专供手机播放的连续剧《约定》；2005年9月，中央人民广播电台与联通和闪易合作开通“手机广播”；2006年11月7日，新华社开通《新华手机报》。

进入4G时代，手机与互联网的联系不断加深，在信息传播与文化娱乐领域，手机逐渐显示出其不可忽视的重要作用。并且，手机具有轻便易携带、价格实惠、功能齐全以及操作简单等诸多优势，因此，相比电脑而言，手机更受人们欢迎，与人们的生活更加密切。尤其是近年来，移动互联网技术发展快且趋于成熟，手机逐渐发展为中国第一大网络终端，开启了中国移动互联时代的大幕。《第39次中国互联网发展状况调查统计报告》显示：截至2016年12月，我国手机网民规模达6.95亿，较2015年年底增加7550万人，网民中使用手机上网人群的占比由2015年的90.1%提升至95.1%。除网络、手机以外，还存在一些受到新技术冲击或在新技术参与之下逐渐演变形成的新媒体形态，如数字电视等，在我国也同样拥有广阔的市场和发展空间。

三、新媒体未来的发展趋势

新媒体是人类需求之下必然产生的结果，是信息技术革命的内在产物。恩格斯曾说：“社会一旦有技术上的需要，则这种需要就会比十所大学更能把科学推向前进。”对新媒体信息和交流的需要，转化成一股强劲的推动力促进了新媒体产业的发展。新媒体产业的发展空间较大，且在政府的扶持之下，各种管理手段也趋于完善，有良好的外部发展环境。此外，在这一发展过程中，新媒体的一些新的技术和标准不断提出和完善，并再次为新媒体的发展服务。

（一）新媒体与传统媒体不断融合，这一特征更加明显

现今，网络媒体的外延不断扩展，各种媒体新形式不断涌现，如博客、微博等；移动媒体发展迅猛，日新月异，如集多种新媒体功能于一体的手机。目前新媒体已经取代传统媒体成为主流，人们获取新闻不再依赖报纸、电视和广播，更多依靠手机等移动终端。但传统媒体也自有其长处和优势，不可能完全消失，因此新媒体的发展要与传统媒体结合，优势互补，寻求更好的发展。新事物的发展并不是对旧事物的彻底否定和抛弃，旧事物只有积极发挥自身优势，借鉴和学习新事物，才能获得新的发展机遇和发展空间。

如《人民日报》这一传统纸质媒体积极创办网络版人民网、新华社创办新华网等。此外，在新媒体中推出了“互联网+”的行动计划，代表了互联网和新媒体思维的最新实践成果，发挥了在社会资源配置中互联网所起到的优化和集成作用。将互联网的创新成果运用于社会经济之中，促进全社会生产力的提升，增强了创新和创造能力，形成了更广泛的以互联网为实现工具和基础设施的经济发展新形态，互联网金融、在线影视、在线房产等行业都是“互联网+”和新媒体相融合的杰作。由此我们可以看出，新旧媒体的融合是一次“再生”，拥有良好的发展前景。

（二）新媒体发展日益成为大众主流媒体

我国将新媒体的发展和传播技术问题列入国家重点规划当中，并从战略布局上确立了新媒体的主流媒体地位。我国“十二五”规划中强调，要加快宽带、安全、融合、泛在的下一代国家信息基础设施建设，全面推动工业化与信息化的充分融合和高效发展，加快经济社会各领域的信息化进程。要全面统筹好新一代移动通信网、下一代互联网、卫星通信、数字广播电视网等的建设布局，形成高智能、超高速、大容量的国家干线传输网络。引导建设宽带无线城市，提高宽带普及率和接入率。推动物联网关键技术研发，大力建设云计算服务平台。以广电和电信业务双向进入为重点，实现电信网、广电网、互联网三网融合，促进网络互联互通和业务融合。另外，中央领导也十分重视网络等新媒体的管理运用问题，在首届世界互联网大会的致辞中，习近平总书记指出：“中国正在积极推进网络建设，让互联网发展成果惠及13亿中国人民。”

（三）新媒体发展进入“大数据”时代

大数据在媒体传播中的广泛运用，正在使我们的生活、工作与思维发生大变革，极大地改变了信息生产和传播方式，同时也深刻地改变着媒体格局和舆论生态环境。

大数据的特点是数据量大、数据种类多、要求实时性强、数据所蕴藏的价值大。在各行各业均存在大数据，以教育领域为例，“教育+互联网”是把互联网作为一种工具运用到教育中去，是“互联网+教育”的初级阶段，没有到深度融合阶段。所谓的深度融合就是要实现数据驱动。在2015年5月召开的“高等教育信息化校长高峰论坛”上，华东师范大学党委副书记、副校长任友群指出：“我们最近一直在谈‘互联网+教育’，但‘互联网+教育’和‘教育+互联网’的区别在哪里？我的看法是：可以说‘教育+互联网’是以工作（业务）为核心，‘互联网+教育’是以数据为核心。需要指出的是，在我看来，‘教育+互联网’是达成‘互联网+教育’的一个阶段，从信息化建设的一般规律来看，必定需要走过‘+互联网’才能走到‘互联网+’。”由此可以预见，未来大数据的生产者将会是大数据的拥有者。每个老师都是自己课堂教学大数据的生产者和拥有者，每个院校都是自己院校课堂教学大数据的生产者和拥有者。将大数据应用于教育教学，才能真正实现教学从工具、内容、管理的全面智能化。

第六节　新媒体的主要价值影响

新媒体相比传统媒体更具优势，如今已抢占了受众市场，在社会发展和人们生活中显示着独特的价值和意义。新媒体在社会生产力发展以及社会主义核心价值体系建设中发挥了不可忽视的重要作用和影响，但同时也对我国传统的价值观和道德观发出了挑战，带来了一些问题。

一、新媒体在核心价值建设中的积极作用

在中央网络安全和信息化领导小组第一次会议中，习近平总书记指出：“做好网上舆论工作是一项长期任务，要创新改进网上宣传，运用网络传播规律，弘扬主旋律，激发正能量，大力培育和践行社会主义核心价值观，把握好网上舆论引导的时、度、效，使网络空间清朗起来。”核心价值是民族之魂，是一个民族和国家生生不息的重要精神力量。新媒体可以采取舆论引导、公益事业以及舆论监督等多种方式为社会服务，承担起社会责任，促进社会主义核心价值体系建设。

首先，传递信息，引领社会主流价值观。新媒体时代，人们获取信息往往要通过一定的媒介，引导舆论，强化社会主流价值观就是媒体的一项重要社会责任。在信息的传播方面，新媒体的信息传播更加及时有效，传播范围也更加深入而广泛，被称作“意见领袖”，其作用在于积极弘扬社会主旋律，引导社会主流价值观。比如，近年来中国新闻网站加大新媒体建设力度，逐步尝试使用手机电视、电子报、微博、电子杂志、博客等多种多样的新媒体传播方式，这些举措有效地提高了传媒资源优势，进一步强化了其在重大事件传播中的主流媒体地位。

其次，反馈信息，搭建平等对话交流平台。交互性是新媒体的一个重要特征，在信息的传播过程中，信息传播者与接收者可以进行交流和平等对话。新媒体的这种开放性、互动性，有利于人们更加快速、有效地掌握“第一手资料”，更深入地了解社会和基层信息，也因此成为群众之间、群众与政府之间、群众与媒介之间重要的交流平台。新媒体现今已经成了政府管理部门听民意、集民智的重要渠道。

最后，及时报道，形成和谐社会风尚。新媒体具有即时性，在社会的各种新闻报道中，尤其是公益事件报道中，能够通过及时、有效的诉求，来充分激发民众的正义之心、爱国

之心以及民族精神，提高人民对社会和国家的关注度，成为社会公益事业的推动者和建设者。例如，在汶川地震中，国内各个网站都实时报道了地震灾情，人民及时了解到了灾区的救援情况，各界社会力量也积极主动地投入救灾中，弘扬大爱精神。《手机报》也实时推送抗震救灾的最新资讯，这些信息的传递有利于推动和谐社会的建设。

二、新媒体在核心价值建设中的消极影响及问题

（一）价值取向问题

新媒体体现了大众参与的“草根性”特点，也正是由于参与者的“草根性”以及信息的“无屏蔽性”严重地影响了人们的价值取向，带来了价值观念的多元化、价值目标的现实化和价值理想的个体化。

1. 价值观念的多元化

社会主导价值观是主导社会精神风尚、社会理想信念的灵魂，是维护国家思想文化制度、经济制度和政治制度稳定发展的精神支柱。不管是在哪一个历史时期，或是在怎样一种社会形态下，为了维护阶级统治地位，维护社会稳定发展，统治阶级都会将代表本阶级根本利益的价值观作为社会主导价值观。集体主义价值观在我国的道德领域中始终占据着主导地位，树立社会主义理想信念和共产主义理想是人们长期以来的政治追求。然而，在新媒体时代，网络所具有的开放性、不可控性，导致了各种价值理念、文化思想等纷纷涌入并难以控制，这严重冲击了人们长期以来的传统价值观念。此外，一些大众媒介一心追求经济利益，缺少约束机制的管理和规范，导致了一些消极、腐朽、落后的思想文化涌流，强烈地冲击和影响了人们价值标准的选择。

2. 价值目标的现实化

价值目标是价值主体所设想的自身实践活动的结果。个人发展与社会发展相统一是科学的人生价值目标的体现，个人当前追求的目标应服从于事业发展的长远目标，个人目标应服从于社会的主导目标，甚至是最高目标。在新媒体环境下，网络上充斥着各种各样的信息，其中有正面、积极的，也有消极而落后的信息，在削弱人们的集体主义价值观，滋生极端个人主义、个人本位主义和利己主义。

3. 价值理想的个体化

在传统社会本位价值观中强调全体成员价值观的统一，忽视和抑制差异性和个体性。比如，一味强调“义”而忽视“利”，强调“平等”而忽视了“竞争”，这是一种不科学、片面的社会本位价值观，盲目地制造了个人发展和社会发展之间的对立关系。而新

媒体时代强调自主性和独立性，人们获取需要的信息来不断进行自我调整，进行自我设计，完成自我发展，这在一定程度上促进了自我价值以及独立个性的生长和发展。例如，多年前的人们自我表现机会较少，也几乎不自夸，但是，现今人们更多地表现自己，也更勇于展现自己的外貌、优点、想法等。博客、论坛、微博等为人们提供了展示和表现自己的平台，在新媒体上，一些无法被传统审美所接受的事物也能广为传播。人们更加重视也越发追求个人尊严、价值和利益，自我意识不断强化，成就欲望和进取精神明显得到提升和加强。

（二）社会道德问题

新媒体在一定程度上弱化了社会道德的约束力，淡薄了人们之间的情感交流，一些人完全放纵自身行为，不接受道德责任的约束。

社会道德约束力弱化。一方面，新媒体所传播的信息中，除了那些正面、积极的信息，还不可避免地存在着一些消极、落后的文化思想内容，而若是缺乏有效的道德判断力，则极易受这些消极信息的左右，这不利于健全道德人格的培养形成，也不利于个体以及群体道德水平的提升。另一方面，新媒体在信息传播中，打破了地域空间的限制，且由于新媒体的开放性、匿名性和随意性，人们可以匿名、随意行动，在这种环境下人们不受诸多人伦关系的束缚，容易枉顾伦理道德规范而放纵自己的行为。

现今，网络诚信问题严重。道德和法律作为一种社会规范，必须要有效地建立起来，用以严格约束人们的行为。特定的价值标准和行为准则是在特定的社会环境中产生的，在网络虚拟环境下，道德和法律的约束显然力不从心。网络世界不同于现实世界，现实生活中的道德准则对网络交往的主体很难形成强有力的约束作用，这使得主体之间不讲究诚信。随着新媒体的迅速发展，网络诚信问题也日益加深。

新媒体环境下，人们更多地依赖新媒体工具来进行人际交往，如手机短信和即时通信软件等。人们在互相交流中可以采取匿名方式进行，这增强了交流过程的神秘性和隐蔽性。对此，一些心理学家曾做过专门的调查研究，他们认为网上交流可以匿名形式进行是人们热衷于上网的一个重要原因，在这一交流过程中人们无须承担任何责任，而这一点与现实生活有着明显的不同。因此，人们更多地利用手机、电脑等与他人进行交流和沟通，这能使人们从现实生活中各种框架的限制和约束中摆脱出来，毫无顾忌地尽情释放内心情感，排解情绪。但是，这种对于网络的热衷，容易使人们在情感上过于依赖互联网络的信息世界。人们沉迷于网络世界，热衷网上交友，却忽视了与身边人的面对面地交流，不与身边人分享喜怒哀乐，却一味依赖网络，长期下去极易形成各种心理问题，如道德情感匮乏、人际关系冷漠、心理上偏执等。

第二章　新媒体对大学生思政教育的影响

新媒体作为当代最具有革命性的科技成果之一，以一种全新的信息传播方式加速了思政教育的知识传播，更好地满足了思政教育者和受教育者之间双向互动的需要，不断地推动着思政教育的发展完善。新媒体也使大学生思政教育面临着严峻的挑战，新时期大学生思政教育创新势在必行。

第一节　新媒体给大学生思政教育带来了新的机遇

一、新媒体的开放性促进了思政教育资源的共享

新媒体时代，各种信息传媒层出不穷，它的超大信息量，使思政教育内容丰富而全面，具有更多的客观性和可选择性。同时，新媒体的即时性克服了传统媒体信息传递时效性比较差的缺点，使思政教育工作者可以在第一时间内把信息资源通过专门的网站、网页、电子邮件等传递到网络空间，供学生浏览、学习，大大提高了教育和工作的效率。

新媒体的不断发展，使思政教育内容的形态从平面化走向立体化，由静态变为动态，从现实走向网络。思政教育工作者可以通过面对面的形式，也可以通过手机媒体、电脑网络媒体与大学生进行交流、沟通。大家都处在一个虚拟的世界中，彼此既“熟悉”又“陌生”，无论是发言者还是回复者，大家都是平等的，彼此可以建立联系并互相交流信息、传播信息，使大学生思政教育克服传统空洞乏味的缺点，朝着形式多样、生动活泼的方向发展。

新媒体也扩大了思政教育的覆盖面和影响力，使大学生通过新媒体在获得广泛的社会信息的同时，也能接受思政教育信息，受到思政教育的影响，从而不断提高思想道德素质，大大增强思政教育的影响力和有效性。

二、新媒体的灵活性创新了思政教育的工作手段

传统的思政教育过程主要是建立在课堂、书本上，教师充当教育者的角色，教育手段较多采用摆事实、讲道理的方式，教育主体与受教育客体之间只是一种传输与被动接受的

模式，使得思政教育的空间变得狭窄。新媒体的出现改变了思政教育受限的尴尬局面，思政教育的理念和内容以新媒体为载体展现在受教育者面前，改变了传统思政教育受教育者只是被动地、单一地接受教育主体教育的模式，使得一个教育者对应多个受教育者的新模式成为可能。

在新媒体时代，手机信息、博客、网络论坛等因其灵活、快捷等特点，日益成为崭新的思政教育工作的载体和手段。

对于大学生的思政教育，不必按传统方式在规定的时间到规定的场所进行，而是可以通过移动通信网络和电脑互联网等途径来进行。较之传统的思政教育，新媒体作为思政教育的载体，思政教育知识、价值传播手段更为灵活、丰富。网络新媒体运用多媒体方式，将声音、文字、图像、视频、数据等多种通信媒体合为一体，给受教育者带来了全新的视觉和听觉感受，其所独有的感官刺激功能使得受教育者在愉快的心情中认识和学习思政教育的内容，体味思政教育的理念，它改变了传统的、单一的听觉感受，使得受教育者的学习积极性明显提高，学习效果更加明显。同时网络新媒体的多种展现方式能够更好地激发受教育者的想象力和求知欲，调动了受教育者的积极性和自主性，从而使得思政教育理念能够更好地渗透到受教育者的内心，通过内化的方式实现受教育者思想质的转化和飞跃。

三、新媒体的交互性改进了思政教育的工作方式

思政教育应建立在教育者与受教育者互动基础上的思想观念与情感意识的交流过程中。但传统的思政教育较多地采用单向灌输的方法，生硬地把社会要求的思想观念、道德规范传授给受教育者，忽视受教育者的需求和接受能力，使受教育者处于从属地位，抑制了受教育者接受教育的积极性、主动性和创造性。

新媒体的交互性赋予了思政教育平等交流的权利，给互动交流提供了便利。这种平等互动交流的方式为大学生创设了接受思政教育更宽松、更自由、更愉快的学习交流环境，使大学生可以自由地选择自己所要学习的内容或自己想要获取的信息，并且可以及时方便地参与信息的反馈与再创造，使自己教育自己成为常态和可能。在日常的学习和生活中，大学生可能会接触到不同的价值理念和价值形式，面临无法排解的困惑时，不必因不方便求教于人而独自纠结，可以通过论坛交流、辩论等多种方式展开积极主动的思想交流，在思想交流中实现自我意识的转变，从而形成更加符合社会发展要求的思想观念，在多种思想的碰撞当中树立正确的价值观念，从而能够极大地增强思政教育的效果。再者，新媒体以其形式多样、图文并茂、音视一体等特点，使思政教育更具直观性和形象性，让人有身临其境之感，从而激发学生的学习兴趣，最大限度地调动他们获取知识的主动性，也极大

地增强了思政教育工作的吸引力和感染力。

四、新媒体的虚拟性增强了思政教育的可接受性

在思政教育工作中，教育者与被教育者之间的信任程度是影响和制约教育效果和教育质量的重要因素。

新媒体作为一种现代化的交流平台，打破了现实世界与虚拟世界之间的界限，从根本上改变了人们的交往方式。角色虚拟使交往者保持着相对平等的心态，平等地利用论坛、QQ 等工具，自由地畅谈自己的思想、观点，对自己感兴趣的话题发表真实的建议和看法，赞成什么、反对什么，都可以在网络中表达，畅所欲言。因此，在思想感情传达上，交往者可以直抒胸臆，容易达到交往的较深层面。新媒体条件下教育者与受教育者的交流也是如此；借助手机短信、博客、论坛等新媒体，能够减少大学生的思想顾虑和心理负担，使其敞开心扉说实话，自由发表意见、观点。因而也带来了双方在人格、权利和地位上平等的感觉，有利于形成一种融洽轻松的氛围，从而消除师生之间的隔阂，增强师生双方的信任程度，使思政教育能有良好的教育效果。

同时，在新媒体环境中，角色还可以互换。在网络中选择和吸收各种思政教育信息时，参与者是以受教育者的身份出现的；而在参与各种信息的制作、发布等网络实践活动中，将自己的思想、观点、看法及信息传播出去时，参与者又成为教育者。这非常有利于教育者从中了解大学生的真实想法，从而使思政教育工作做到有的放矢，也有利于对相关问题进行较为深入的探讨，增强思政教育的实效性。

五、新媒体技术的综合运用提高了大学生思政教育的时效性

检验思政教育是否有效以及效果的大小，其主要依据就是思政教育目的和意图的实现程度。而要想取得思政教育的最佳效果，内化是关键。新媒体技术的综合运用，为思政教育的创新和促进大学生思政教育的内化提供了新的契机。一是网络丰富的共享信息，为开展思政教育提供了充足的资源。二是网络传输的快捷性和交往的隐匿性，有助于迅速、准确地了解受教育者的思想情绪和他们所关注的热点问题，从而加强思政教育的针对性。三是网络主体的平等性和交往的互动性，有助于实现受教育者主动参与对话交流，有助于把教育转化为受教育者的自我教育，从而提升思政教育的实效性。四是网络传输的超时空性，扩大了思政教育的覆盖面，促进了思政教育的社会化。

另外，新媒体的开放性和超时空性，有助于大学生多元化观念和全球意识的养成；新媒体网络交往的自由性和平等性，有助于增强大学生的民主意识和权利意识；网络信息传

输和更新的快捷性，有助于增强大学生的效率观念、竞争意识、创新意识；网络空间的匿名性，在减少外在约束机制的同时，也有助于大学生道德自主意识的提升。由此可见，综合运用新媒体技术，对于培养大学生的独立性、自主性、创造性等主体性品质，实现思政教育的最佳效果具有积极的促进作用。

第二节　新媒体给大学生思政教育带来了新的挑战

唯物辩证法告诉我们，事物都是具有两面性的，新媒体的发展既给大学生思政教育带来了诸多发展机遇，又带来了许多挑战。在新媒体环境下，信息的自由传播、传播者的平民化、信息的虚拟化、不良信息泛滥等也会扰乱信息传播环境，造成新媒体的失范，从而带来社会伦理问题、信息的管理与控制问题。现实世界虚拟化问题、舆论导向的偏颇问题等的客观存在，如不及时解决，不但会对大学生的成长造成不利影响，而且会给他们的思政教育工作造成诸多负面影响。

一、新媒体信息传播的“无屏障性”使大学生思政教育内容受到挑战

新媒体时代的信息传播在某种程度上可以说是一种“时间无屏障”“空间无屏障”“资讯无屏障”状态。在互联网上，每个人既可以是信息的发出者，也可以是信息的接收者。正是由于网络传播的这种交互性，所以网络上的信息良莠不齐、真假难辨，浩如烟海的网络信息给大学生的思想观念和道德认知带来了深刻影响。新媒体负面影响的存在，加大了大学生思政教育舆论导向的难度，削弱了传统思政教育的功能和效果，使思政教育的难度增加。

（一）思政教育主旋律受到冲击

培养有理想、有道德、有文化、有纪律的社会主义事业的建设者和接班人，是大学生思政教育的神圣职责和光荣使命。当前大学生思政教育的内容主要包括世界观、人生观、价值观以及社会主义政治、道德与法制观念的教育。新媒体在拓展大学生知识学习、知识选择空间的同时，也对高校思想政治工作的主旋律教育提出了前所未有的挑战。

传统的思政教育主要是通过宣讲、谈心以及报纸、广播、电视等大众媒体来进行的，这些方式的一个重要特点是可控性。教育者可以根据教学目标选择相应的教育材料，向被教育者讲授特定的教育内容，促进被教育者思想的转变、行为的落实，促成教育目标的最

终实现。在新媒体时代下，信息的传播途径日益增多，在网络中人们可以随时随地上传信息、发表看法，使用起来简单，传播速度快捷。不同地区、不同意识形态、不同年龄、不同职业、不同阅历的人可以同时在线匿名交流，这就使网上的交往环境变得相当复杂。一些落后的、腐朽的思想和文化及违反社会公德的各种信息泛滥。在现阶段针对新媒体中信息的控制和过滤技术又相对滞后，相关的法律法规尚未健全，对新媒体中信息传播内容的控制难度很大，这就导致了不同思想观念、政治观点、价值观的广泛流行。这对正处在世界观、人生观和价值观形成的重要阶段的大学生来说，还不能完全有效地对大量网络信息进行甄别处理，容易不同程度地受西方发达国家资产阶级意识形态、价值观念和生活方式的影响，有些大学生对共产主义理想、社会主义信念、集体主义原则出现了动摇，这些都给大学生思政教育工作者敲响了警钟。

（二）信息泛滥

新媒体的开放性使其所容信息庞杂多样，既有大量进步、健康、有益的信息，也有低俗、迷信的内容。毫无疑问，这些垃圾信息形成的负面影响极不利于青年大学生的健康成长。

网络传播的门槛较低，每个人都可以成为信息的发布者，因此信息的质量良莠不齐，存在大量虚假信息，让人难辨真伪。网络信息的庞大令审查困难重重，一些网站为了获得高点击率而成为非法信息的传播者。垃圾信息成为伴随新媒体产生的一种营销手段，广告商未经许可所发送的大量垃圾邮件、垃圾信息，干扰了用户的正常生活。新媒体传播速度快、范围广的特征，给诈骗信息以可乘之机，利用互联网实施诈骗行为屡见不鲜。诈骗者利用网络技术和多媒体技术制作电子信息进行诈骗。中国互联网络信息中心 2016 年 7 月发布的《中国互联网络发展状况统计报告》显示：2015 年上半年，有 30.9% 的网民账户或密码被盗过，网络安全问题制约着中国网民深层次的网络应用发展。

另外，网络谣言危害严重。在网络中，总会有一些别有用心的人凭空捏造包括文字、视频、图片等多种形式的信息谣言，妄图利用网民的亢奋情绪和巨大能量来达到某种特定的目的。如 2010 年，由于自然灾害频发，网上便不停地出现地震的谣言，一时间搞得人心惶惶。2 月 20 日晚至 21 日凌晨，由于地震谣言，山西晋中、太原、吕梁、长治、阳泉等地部分群众走出家门，躲避地震。事件发生后，山西省迅速通过电视、网络、手机短信等平台发布辟谣信息，稳定人心，迅速恢复了群众的生产生活秩序。在网络中，人们识别谣言的能力会大大降低，而谣言则能快速扩散，不断把人群的行为引向极端，直至造成破坏性后果。

二、新媒体的传播特点对思政教育模式提出挑战

传统的大学生思政教育主要通过面对面的方式，与学生进行沟通交流，引导、启发学生加强思想道德学习，增加爱国之情，树立理想信念和社会责任感。这种教育方式情感互动性强，有针对性，交流效果突出。新媒体的发展改变了大学生思政教育的环境，对大学生思政教育的过程、方法等提出了新的挑战。

（一）新媒体的发展使高校大学生思政教育环境趋于复杂

在信息科技不发达的情况下，学生能够接触到的信息载体主要是报纸、电视、广播，而且政府和学校对这些载体传递的信息内容可以进行过滤，主动权掌握在思想政治工作者手中，我们可以坚持党性原则，坚持社会效益为首，而将不正确的观点、不恰当的信息去除，以保证弘扬社会主义主旋律教育。在新媒体环境下，大学生受教育的空间广泛、自由，而新媒体的开放性特征使各种非主流声音从网上到网下到处流传，给大学生群体造成了十分消极的影响。在这种情况下，高校必须充分发挥党和政府在思政教育方面的领导作用，站在“培养什么人、如何培养人”这一事关社会主义事业发展的根本问题的高度，充分认识争夺互联网阵地的艰巨性和重要意义。要采取有效措施，有针对性地、以足够的主流网络信息占领网络空间，最大限度地减少非主流信息，引导大学生树立正确的世界观、人生观、价值观、道德观，增强抵制腐蚀思想的能力，确保大学生思政教育的实效性。

（二）新媒体的发展对大学生思政教育的过程提出新要求

通过新媒体，大学生可以接触到各种各样的信息，包括各门类学科知识、时事报道、奇闻逸事、思想言论等。新媒体信息的传播跨越了时空的限制，通过传媒技术把世界各地的人们联系在了一起。各种不同意识形态、政治制度、文化背景下的思想观点混合在一起，极易导致世界观、人生观尚未完全成熟的大学生在面对新媒体中多元化的思想观念进行价值判断时，产生各种困惑。大学生在遇到社会上的各种疑难问题时，迫切需要得到令人信服的答案，解开他们思想上的种种疑问。但是，当大学生日益通过新媒体来表达思想状况、心理需求时，就给教育者的工作带来了极大的难度。新媒体环境下，由于大多数人都通过各自的代号而非自己的真实姓名上网，教师无法知道究竟是谁在发表意见，不清楚学生正在关注什么、遇到了什么难题、在思考些什么、想知道什么，因而大学生思政教育工作就难以做到切实地从学生的心理需求出发，有针对性地解决学生实际遇到的问题，甚至有时非但达不到理想的教育效果，还会引起学生的逆反情绪，产生负面效果。虽然当前许多高校都建立了自己的校园内部网站，开辟了思政教育专栏，但由于内容比较单一，形式缺乏

灵活性，语言缺少生动性，缺乏对大学生实际心理需求的针对性研究，吸引力不强。而且对网站的管理与维护又相对滞后，网页更新速度慢，所以目前大学生对此类网站的访问量不大，效果欠佳。

（三）新媒体的发展使大学生思政教育方法面临挑战

传统的思政教育，使用较多的是摆事实、讲道理的教育方法。思政教育者通过课堂宣讲、个别谈心等面对面的方式，对受教育者动之以情、晓之以理，促使其提高思想认识、解决问题。这种方式的针对性强，反馈及时，有一定的优越性。但是，在新媒体时代，思政教育方法面临着新情况：一方面，讲课、谈心这种必须在合适的地点、时间进行的教育方式，在新媒体环境下，学生受教育的空间广泛，比较自由，能否取得理想的教育效果不得而知。另一方面，教育的效果取决于教育者的现场发挥，教育者一般在精心准备授课的情况下，持续保持良好的授课状态也很不容易，作为受教育者在现场很容易受到老师的感染，现场教育的效果很好。若是在新媒体环境下，脱离了现场教育的环境氛围，教育的感染力难以得到保证。面对新媒体信息传播的互动性、个性化、多元化、多样化等特点，创新出大学生喜闻乐见的思政教育方式，显得越来越紧迫。

三、新媒体时代对大学生思政教育工作者的权威性提出挑战

新媒体时代，大学生强烈的好奇心和对新生事物的认同感，使他们成为新媒体最早的接受者、使用推广者，而教育者却存在新媒体技术意识淡薄、网络技术水平差、缺乏接受新鲜事物的敏锐性、观念更新不够等不足之处，处于信息劣势的境地。因此，大学生思政教育工作者对新媒体的掌握、熟悉和运用，决定了大学生思政教育的发展。

（一）新媒体时代对思政教育工作者的信息优势地位提出了挑战

在传统大学生思政教育工作当中，思政教育工作者既具有理论上的优势，又具有丰富的历史、人文、社会知识上的优势，加上多年知识信息的累积和对传统媒介的熟悉，具有绝对的主体掌控地位。思政教育者不仅“掌控”着思政教育的内容，而且“掌控”着思政教育的整个实施过程。在教育过程中，可以及时地把握社会政治、经济和文化动态，并将之与思政理论教育相结合，使教育形式更加丰富，内容更加充实，同时充分展示个人的教育魅力，从而增强思政教育的吸引力。

新媒体时代，这种格局开始被打破。大学生作为新媒体使用的主力军，对各种社会现象非常敏感，他们借助新媒体可以便捷迅速地寻找和吸收自己需要的信息，完全绕过了大学生思政教育主体这一传播思政教育理念的根本媒介。久而久之，大学生思政教育工作者

的教育主体和教育主导者的地位受到了“撼动”。受教育者和教育者的地位由隶属关系变成了相互学习、相互促进的平等关系，从而改变了受教育者自身在传统教育中知识信息劣势的格局，这无疑对传统思政教育工作者的主体地位提出了严峻的挑战。

（二）新媒体时代对思政教育工作者的知识结构提出了挑战

新媒体技术的出现，对大学生思政教育工作者的知识结构提出了挑战。新媒体打破了知识传授单向的传输模式，信息的多向性为大学生提供了较多的选择空间，学生的自主学习能力得到加强，有时候甚至会出现教育者所接受的信息迟于或少于被教育者的现象。在新媒体所构建的平等的交互性平台上，大学生的主体意识会被极大地调动起来，影响并改变着他们的认知方式和接受方式。由于获取信息的渠道更宽，接触不同观点的机会更多。他们用自己的是非观、判断力，选择自己认为正确的观点，在主动获取知识的同时要求与教师平等对话。这既反映出教育的进步，同时也对教育者的知识掌握提出了更高的要求。思想政治工作者只有学会科学评估和研究互联网对大学生思政教育所产生的全方位影响，不断加强网络知识和技能的学习，提高与学生进行网络沟通的能力，才能真正成为大学生健康成长的指导者和引路人。

（三）新媒体时代对思政教育工作者的素质提出了挑战

在思政教育过程中，思政教育工作者的素质包括思想素质、政治素质、文化素质等多方面的素质。通过提高思政教育者的相关素质，可以有效地提高思政教育工作者的人格魅力以及对受教育者的吸引力，进而使得受教育者能够心悦诚服地“追随”思政教育工作者的脚步，根据教育工作者传授的理念和内容形成符合社会发展的思想观念和行为方式。新媒体条件下，随着网络信息技术异乎寻常的迅猛发展，大多数思政教育内容和理念通过网络这个新媒介以不同的方式展现出来，极大地吸引了大学生的眼球。相比于思政教育工作者的谆谆教诲，大学生则更喜欢通过网络来了解和吸收自己所需要的知识。要通过网络引导的方式来指导大学生正确探寻所需信息，思政教育工作者除了要具备政治、文化等基本素质之外，还要有基本的网络素质以及筛选信息的能力，这就对思政教育工作者的素质提出了更高的要求。建设一支具有较高思想道德素质、政治理论水平、良好的心理品质和一定的创新能力，熟悉网络、能熟练地操作多媒体的、高素质的思政教育工作队伍，是新媒体时代下解决大学生思政教育困境的必由之路。

第三节　新媒体视角下大学生思政教育创新探索的重要性

新媒体以它传播速度之快、利用之广、影响力之大、感染力之强，给传统的大学生思政教育带来了巨大的影响。当前，新媒体已经成为高校加强大学生思政教育的重要载体和阵地，充分认识新媒体的重要性，利用新媒体对大学生进行思政教育已成为大学生思政教育的重要课题。

一、新媒体时代大学生思政教育创新的必要性

新媒体时代的大学生思政教育创新是基于新的历史条件下，顺应时代发展潮流，优化大学生思政教育的效果，促进大学生健康成长、成才，丰富和发展大学生思政教育理论的迫切要求。

（一）优化大学生思政教育效果的需要

一直以来，大学生思政教育坚持管理育人、文化育人、活动育人，经常以一对一的形式开展，通过促膝谈心，可以很好地解决个人的思想问题。但这种交谈的内容无法广为传播，对其他有相似问题和疑惑的人无法产生影响。为了扩大宣传，思政教育采用做报告、印材料等形式，但这些形式因为要受制于场地和时间等因素，其覆盖面也是有限的。新媒体的快速发展，使大学生思政教育突破了时空的局限，影响力得以进一步增强，思政教育效果得以进一步优化。

首先，有利于提高思政教育和管理工作的效率。新媒体的出现不仅丰富了思政教育的载体，为大学生思政教育提供了广阔的平台，而且其本身数字技术的应用，为大学生思政教育内容、手段、形式的创新提供了强大的技术支持。思政教育与新媒体的结合，可以充分发挥新媒体开放性、交互性、及时性、共享性等优势，有利于思政教育工作者和大学生随时交流，及时、准确地了解把握大学生的思想动态，提高思政教育的针对性和实效性。同时，新媒体信息的高储备量，可以满足大学生多样化的信息需求，强大的视听效果，能调动学生的各种感官形式，增强学习的趣味性，有利于提高大学生学习政治理论的热情，化被动学习为主动接受。

其次，有利于提高网络思政教育效果。网络思政教育的空间是虚拟的，环境是开放的，教育过程是双向互动的，信息资源是共享的，信息的传输是超越时空和地域的。而目前许多高校的思政教育网站存在着内容单一、形式枯燥等问题，网站多以为大学生提供思政教

育的学习资料、国内外时事政治、校园新闻的播报等信息的单向发布作为网络思政教育的方式，网络的其他教育手段与方式还没有被充分发掘。有些高校的思政教育主题网站，就是把思想政治理论生硬地搬到网上，将文字版本的内容转化成电子版本的，网页信息量小、内容单调，设置内容的形式简单，缺乏新意。而且更新的速度慢，不能调动学生的学习热情，无法满足他们的实际需求，导致该类网站的吸引力不强、访问量较低、实效性较差。因此，不断创新大学生思政教育，充分发挥网络技术的潜能，建设一批高质量的教育网站，是提升高校网络思政教育效果的必然要求。

（二）培养社会主义事业建设者和接班人的需要

大学生作为最富有朝气和活力的群体之一，是社会主义现代化建设的中坚力量，肩负着国家和人民赋予的重要历史使命和时代责任，是国家不断发展进步的关键力量来源之一。大学生自身的思想素质、道德素质、能力水平的高低、价值观的正确与否，对社会的发展进步具有重要的影响。胡锦涛同志早在 2005 年 1 月 18 日全国大学生思政教育工作会议上就指出："培养什么人、如何培养人，是我国社会主义教育事业发展中必须解决好的根本问题。大学生是国家宝贵的人才资源，是民族的希望、祖国的未来，高校是培养人才的重要基地，必须把培养中国特色社会主义事业的建设者和接班人作为根本任务。"

当前，新媒体对大学生成长成才的影响已经越来越突出。而在新媒体环境下，大学生在信息的获得上享有很大的选择权和主动权，发表个人看法的自由度越来越高，自主意识、民主意识与日俱增，崇尚个性自由、乐于被他人关注等表现，迫切需要大学生思政教育改变传统的育人理念。充分利用新媒体，积极探索思政教育的新领域、新内容、新方法，牢牢掌握网络话语权，大力推进思政教育进网络。用先进的、优秀的文化帮助大学生树立正确的世界观、人生观和价值观，为社会主义建设培养既有创新意识和能力，又具有高尚的道德情操的栋梁之材。

（三）丰富和发展思政教育理论的需要

实践的发展需要理论的创新，理论的创新又将推动实践的进一步发展。新媒体时代思政教育理论的创新已经成了高校的当务之急，高校要不断加强对新媒体时代思政教育相关理论的研究，丰富思政教育的理论内容。

当前，对有关新媒体思政教育的理论研究存在以下两个方面的问题：一方面，缺乏深入细致的分析。随着新媒体技术的发展和新媒体思政教育实践的深入，新媒体思政教育的发展呈现出社会化、规范化和个性化的趋势。现阶段，有关新媒体思政教育的理论研究取得了一定的成果，但专家学者的研究大都集中在新媒体的特点、网络思政教育的内涵、网络给思政教育带来的机遇与挑战等方面，缺少新媒体技术对思政教育影响的深入细致研究。有关新媒体对大学生思维方式、生活方式、交往方式的影响研究还停留在现象的观察、分析阶段，对大学生上网行为规律和心理特点的研究还有待进一步深化。另一方面，对有关新媒体思政教育的研究缺乏整体性。关于新媒体思政教育的理论研究，一般是对思政教育的某一方面问题进行研究，从整体的角度全面分析把握得较少。例如，新媒体对传统思政教育的影响方面研究得比较多，而对现实、对新媒体思政教育的影响方面研究得较少；对网络思政教育的虚拟性研究得较多，而对网络思政教育的现实性研究得较少等。这在一定程度上会影响网络思政教育理论的全面发展，不利于相关学科体系的建立。另外，对有关网络思政教育的理论与实践的有效结合研究得还不够。社会环境是不断发展变化的，思政教育的宏观环境和微观环境都有很大的改变，社会实践也在不断地向前推进。目前，新媒体思政教育研究大多集中在对理论的探究上，而对理论与实践衔接的研究重视得不够，对理论怎样更好地指导实践研究得较少，对新媒体思政教育理论的运用规律缺乏实效性的研究。

加强新媒体环境下思政教育理论的研究，形成能够积极有效地指导新媒体思政教育的科学理论成果，已经成为当前发展高校新媒体思政教育的迫切需要。因此，高校要结合思政教育工作实际中遇到的问题，大力开展相关的课题研究。要加强对思政教育理念、途径、原则、方法、载体的研究，加强对新媒体传播的特点，发挥作用的机制，网络思想政治工作的评估，网络文化的特点、优势、劣势的研究，研究网络文化与传统文化的关系、与大学生成长成才的关系，研究网络思政教育与课堂思政教育之间的关系，分析二者的运行规律与特点，从中找到二者的相同点和不同点，相互借鉴、相互补充，实现优势互补，不断创新完善新媒体思政教育的理论体系，增强对实践的指导力。

二、新媒体时代大学生思政教育创新的可行性

新媒体时代，国家对大学生思政教育的发展高度重视，使高校的思政教育创新有了很大的发展。大学生思政教育工作者运用新媒体的技术水平也越来越娴熟，能够有效地把新媒体技术应用于思政教育领域，满足大学生的认识规律和心理需求，为思政教育创新提供了可行性。

（一）新媒体时代大学生思政教育的地位和作用日益突出

如今，新媒体已经成了思政教育的新载体，为大学生思政教育工作者所喜爱与运用，受到了大学生的热烈欢迎。国家十分重视大学生思政教育进网络、创新思政教育的形式、

用先进的文化思想占领网络阵地的工作，倡导在教育的过程中实现新媒体与大学生思政教育工作的有机结合，提升思政教育的影响力。2000 年 6 月，江泽民同志在中央思想政治工作会议上指出："要重视和充分运用信息网络技术，使思想政治工作提高实效性，扩大覆盖面，增强影响力。"同年 9 月，教育部下发的《教育部关于加强高等学校思想政治教育进网络工作的若干意见》明确指出："用正确、积极、健康的思想文化占领网络阵地，同时防止一些人利用网络传播错误的思想和信息，已经成为高校思想政治工作非常重要而又紧迫的课题。"2004 年 10 月，中共中央、国务院发布的《关于进一步加强和改进大学生思想政治教育的意见》提出："要全面加强校园网建设，使网络成为弘扬政治主旋律、开展思想政治教育的重要手段。要利用校园网为大学生学习生活提供服务，对学生进行教育和引导，不断拓宽大学生思想教育的渠道和空间。"目前，全国各地许多高校都在积极努力地利用新媒体探索思政教育的新方法、新领域，一些富有特色的思政教育论坛、虚拟社区、讲座、聊天室等思政教育的新形式相继建立。同时，高校也十分重视对思政教育工作者新媒体使用技能的培训，经常举办一些关于新媒体知识介绍的讲座、网络知识竞猜、多媒体课件制作大赛等活动，以强化思政教育工作者的新媒体操作技能，不断利用新媒体创新大学生思政教育。

（二）新媒体时代大学生思政教育符合大学生的认知规律和心理需求

新媒体环境下，不断创新思政教育，其中一个重要的方面就是要不断发展和完善网络思政教育，充分发挥网络思政教育的育人功能。

与传统思政教育相比，网络思政教育更能满足大学生选择的自主性。大学生的自主性表现为具有独立自主的主体意识，有明确的价值目标和自觉积极的学习态度，对于网络中纷繁复杂的各种信息，能够在感知的基础上自主地进行比较、分析、综合、推理以及判断等思维运动，积极进行自我支配和控制，将教师输出的教育信息积极内化为自身信念，进而外化为行动。网络中信息呈现的开放性，使大学生可以自由提取所需的各种信息，受教育的主动性、自主性大大提高，可以不再被仅有的基本教材、参考书所限制，通过搜索工具获得丰富的教育资料，自主确定学习途径和内容。

网络思政教育能够充分调动大学生参与的主动性。在网络思政教育中，大学生不必消极、被动地接受教师的改造和灌输，而是可以积极主动地汲取网络思政教育内容，对自己的思想活动进行自我认知，从而认清自身与社会要求之间的差距，激发参与和接受思政教育的需要，并且能够积极地克服困难和障碍，自觉抵制各种消极因素的影响。

网络中交往的自由性也更易为大学生所接受。在网络上，有博客、微博、BBS 论坛等许多交流方式供大学生选择，可以不受时间和空间的限制，匿名性也使大学生能够敞开心扉，表达自己的想法，满足了不同大学生的需要。比如，有些大学生顾及面子，不愿和老师面对面地交流，遇到问题也不愿去求助于老师，时间长了容易使身体和心理出现问题。而如果进入网上聊天室，就可以毫无顾虑地畅所欲言，可以在任何一个设有终端的地方随时获取所需的知识，“聆听”老师的教诲，因而深受大学生的喜欢。

（三）新媒体时代大学生思政教育工作者积极响应

当前，大学生思政教育工作者绝大多数具有深厚的政治理论功底、较高的思想道德素质、健康的心理素质，并且掌握一定的网络技术知识，能熟练操作网络，具有较强的科研创新能力。而且，随着新媒体在思政教育领域的不断发展，教师运用新媒体的技术水平也越来越娴熟。

首先，大学生思政教育工作者重视对新媒体相关知识的学习与研究。大学生思政教育工作者从主观上注重自身在日常的工作与学习中加强对新媒体相关知识的学习，在课余时间会参加学校、社会上举办的各种培训班、网络知识讲座、网络知识竞猜等活动，不断强化自身对新媒体技术使用的熟练程度。平时也经常会看相关的书籍学习网络知识，阅读相关的报纸杂志等，了解新媒体技术的最新发展动态，注重研究网络思政教育的特点、形式、方法等相关内容，不断提高自身对新媒体知识的理解和把握。

其次，大学生思政教育工作者对计算机的基本操作技术的运用越来越娴熟。大学生思政教育工作者大多具有新媒体时代的思维方式和较高的网络管理才能，掌握了网络技术的基本知识，能熟练地借助网络进行思政教育，娴熟地建立网络信息系统，并对其进行基本的管理与维护。当前，大学生思政教育面临着国内消极思想的干扰和国外大量西方社会思潮和价值观的冲击，这会在一定程度上影响网络思政教育的顺利进行。因此需要大学生思政教育工作者具有坚定的马克思主义信仰，有较高的社会责任感、政治敏锐性和政治鉴别力，及时识别不良社会思潮和价值观的本质，有效做好大学生思政教育工作。高校教师需要深入了解大学生的内心世界，分析大学生的心理特点，结合大学生的心理需求，熟练地运用网络技术来加强大学生的思政教育。

最后，大学生思政教育工作者运用新媒体创新思政教育的能力越来越强。高校大学生思政教育工作者在日常的生活与工作中越来越重视对网络思政教育理论的研究、对网络技术知识的学习，不断提高自身的网络技术使用水平。同时，注重自身科研能力水平的提升，在教学实践中利用新媒体不断探索思政教育的新形式，不断总结思政教育的新经验，不断改进思政教育的方法，不断充实思政教育的内容，不断创新网络思政教育的理论。在教学实践中，高校教师运用新媒体的技术水平越来越娴熟，借助新媒体创新思政教育的能力越来越强，网络思政教育的实效性越来越大。

第三章　新媒体视角下大学生思政教育创新探索的原则

中共中央、国务院颁发的《关于进一步加强和改进大学生思想政治教育的意见》中明确提出了加强和改进大学生思政教育“六结合”的原则：一是坚持教书与育人相结合；二是坚持教育与自我教育相结合；三是坚持解决思想问题与解决实际问题相结合；四是坚持政治理论教育与社会实践相结合；五是坚持继承优良传统与改进创新相结合；六是坚持教育与管理相结合。在新媒体背景下，在深刻理解和全面掌握这些基本原则的基础上，我们应该做到与时俱进，积极拓展思政教育新平台，开拓思政教育新思路，不断进行高校思政教育创新。在加强和改进大学生思政教育的工作实践中，认真做好“六结合”这篇大文章，促进高校大学生思政教育工作健康发展。

所谓思政教育的原则，是指人们在思政教育过程中必须遵循的基本准则，它是思政教育客观规律的正确反映，是教育实践经验的科学总结，是教育者在教育活动中正确处理各种关系、确定教育内容、选择教育方法、增强教育效果、实现教育目的的准则。

有人认为，知识经济条件下的思政教育应坚持若干原则，如“生命线”地位的原则、讲政治的原则、以人为本的原则、知识优势的原则、教育手段现代化的原则、创新的原则。有人将学术界关于思政教育原则的几种代表性观点总结为：理论与实际结合的原则、民主原则、思政教育与物质利益相结合的原则、思政教育与各种规范相结合的原则、表扬与批评相结合并以表扬为主的原则、身教与言教相结合的原则、身教重于言教的原则、解决思想问题与解决实际困难相结合的原则、方向性原则、疏导原则、教育与自我教育相结合的原则、层次性原则。还有人认为，灌输是思政教育的原则，把灌输理解为原则，可以在坚持方向性和必要性的前提下，更好地启发思政教育者在思政教育实践中对灌输的具体内容、方法、手段、形式等的思考和研究，有利于实施科学灌输。

第一节　思政教育的原则、规律、原理、方法

准确把握思政教育的原则需要做到三个区分：一是区分思政教育的原则与思想政治规

律；二是区分思政教育的原则与思想政治的原理；三是区分思政教育的原则与思政教育的方法。做好这三项区分就可以对思政教育的原则有一个清晰的把握。

一、思政教育的原则与规律

思想政治工作的规律是思想政治工作过程中各种要素、各工作环节和现象间内在的、本质的联系。思想政治工作的原则是人们在实施思政教育过程中必须遵循的一些准则。规律与原则的关系，是决定与被决定的关系，是客观与主观的关系。从理论上深入探讨它们之间的关系，对于我们尊重客观规律，科学地制定原则，提高思想政治工作的有效性，有极其重要的现实意义。

思政教育过程有其自身固有的规律，其规律也就是思政教育过程中诸要素之间的本质联系及其矛盾运动的必然趋势，具有客观性。思政教育过程的基本规律是指思政教育的主要因素之间最本质的联系及其矛盾运动的必然趋势。关于这一规律的定义，思政教育学界也是各执一词，不过个性当中总会有共性，根据不同学派的理论，对“规律”定义进行整合，本书试做如下表述：思政教育的规律指的就是，思政教育工作者根据特定社会和特定发展的要求，参考受教育者个体发展特点和要求以及品德状况，结合一定的方法和一定的手段，以社会要求的思想品德规范去影响受教育者，试图不断解决其思想品德水平与社会品德规范要求之间的矛盾，使受教育个体思想品德朝着社会要求的方向发展并不断提高。由于思政教育过程的规律具有客观性，不以人的意志为转移，不管人们是否意识到它，它都在起作用，自觉地按规律组织和实施思政教育，因此，在实施思政教育的过程中一定要注意避免主观性和随意性。

思政教育的规律与原则的关系，可以总结为决定与被决定的关系、客观与主观的关系。思政教育原则的制定必须以思政教育规律为依据，思政教育原则是思政教育规律在教育中的反映。思政教育规律是不以人的意志为转移的，人们只能发现、掌握和利用它，而不能任意制造、改变或废除它；而思政教育原则是第二性的，思政教育原则，是对思政教育客观规律的主观认识的成果，是对思政教育规律的能动反映，它反映了思政教育客观规律的必然要求，是人们根据需要制订的教学活动的基本准则，它与科学发展水平、人们的认识能力密切相关。人们的认识、对经验的概括程度、时代要求等不一样，思政教育原则也就不同。

二、思政教育的原理与原则

原理为一抽象的客体，反映某个（或某些）现象或机制的运作中普遍存在的基本规律，并存在着一个适用范围，超出其适用范围，原理可能会发生根本变化。原则是人们使用这些普遍存在规律的一般化预测或解释。思政教育的原理更接近思政教育的内容，它是抽象化和概括化的思政教育内容和原则。思政教育的原则是受思政教育的原理指导的，实际上它是思政教育理论在教育实践过程中的具体化。

当然思政教育理论中的很多内容，对于实际教育过程而言，可以理解为应当坚持的原则。例如，关于灌输的原理、疏导原则等，这种抽象化的思政教育原则其实就是思想政治的教育原理，并且后者是前者在实际教育过程中的贯彻和具体化。

三、思政教育的原则与方法

方法就是人们在认识世界和改造世界的过程中，为达到预期目的所采用的手段或方式。所谓思政教育的方法就是教育者对受教育者在思政教育过程中所采用的思想方法和工作方法，或者说，是教育者为了达到一定的目的对受教育者采用的手段和方法。有人指出，思政教育的方法，就是教育者为了把社会意识形态转化为被教育者个体的经验、品质、评价和行为习惯而采用的方式和手段。思政教育方法的制定应该以思政教育的原则为指导，思政教育的原则也应该与思政教育的方法相结合。在某种程度上，思政教育的原则与方法具有相通性，可以将思想政治的方法作为原则；在某种程度上，又不能将方法视为原则，这就要求我们在进行思政教育的过程中，在把握受教育者个体心理特点的同时，还应该关注周围环境的变化，只有那些在思政教育实践中使用频率高，且有效性比较突出的思政教育方法，才可以从原则的教育上去把握，从而上升到原则层面。

思政教育的方法与思政教育的原则之间存在辩证统一的关系。一方面，两者之间存在区别。它们的概念不同，并在思政教育大系统中分别属于不同的部分与层次，具有不同的功能和结构。另一方面，两者之间又存在同构和耦合的关系。首先，它们之间存在一定的同构性；其次，思政教育每一种结构都具有对其对象进行思政教育的特定原则和方法。此外，思政教育原则还反映着思政教育的方法。

思政教育中应该理顺各种关系，协调教育因素，从而形成教育合力，增强教育效果。

第二节　新媒体视角下高校思政教育应遵循的原则

新媒体环境下，随着网络技术的迅猛发展，涌现出来的新任务、新问题也在不断变化，在这种情况下，思政教育的原则也增添了新内容。思政教育原则，是对教育内容和形式一般性质的体现，是对教育方法的总结。新媒体时代，实效性、正面教育等这些传统的思政教育的原则仍然发挥着作用，对思政教育工作仍然有用。但是，为了适应新媒体要求，应该不断发展其原则，适应形势要求。新媒体环境下思政教育的原则有针对思政教育内容的，有针对思政教育方法的，有针对思政教育的教育者和受教育者关系的，有针对教育者态度的，不同方面的原则存在某种共性。本节从新媒体和思政教育的关系以及新媒体给思政教育带来的诸多挑战和变化出发，总结出了新媒体时代高校进行思政教育的一般性原则。

一、政治导向原则

20 世纪 80 年代，中国政治学界对“政治”概念的主要看法有：一是政治是一定阶级或集团为实现其经济要求而夺取政权和巩固政权的活动，以及实行的对内对外全部政策和策略；二是政治是各阶级为维护和发展本阶级利益而处理本阶级内部以及与其他阶级、民族、国家的关系所采取的直接的策略、手段和组织形式；三是政治是主要由政府推行的、涉及各个生活领域的、在各种社会活动中占主要地位的活动；四是政治是阶级社会的产物，是阶级社会的上层建筑，集中表现为统治阶级和被统治阶级之间的权力斗争、统治阶级内部的权力分配和使用等。

思政教育本身有着鲜明的阶级性，是一项目的性和原则性很强的活动。党的教育方针明确指出：“教育必须为社会主义现代化建设服务，必须与生产劳动相结合，培养德、智、体全面发展的建设者和接班人。”邓小平同志指出：“学校应该永远把坚持正确的政治方向放在第一位。”政治理想和政治信念决定学生思想品德的形成，没有正确的政治观念就等于没有灵魂。政治导向原则是思政教育的本质原则，无论是从社会价值、个人价值还是内容体系来看，充分体现政治性要求都是思政教育最重要的内涵。我国思政教育的实践经验显示，思政教育的弱化带来的最直接的后果就是思政教育在各个方面的失误，表现为内容、方法、措施等诸方面。思政教育要走出困境，必须将政治导向性原则放在首要的地位，只有这样才能避免思政教育走向误区，提高思想政治的针对性和实效性。

新媒体时代，在网络技术的普及下，我国思政教育将面临更大的挑战。网络技术的发展让全球成为“地球村”，这使得信息从一地到另一地的传播变得更为迅速。基于此种状态，高校思想政治的教育者必须把握政治导向原则，积极构建高校思政教育平台，借助和利用校园网络这一平台阵地，弘扬主旋律，把中华民族传统美德与以爱国主义为核心的时代精神相结合，积极进行中华民族传统美德教育，积极进行爱国主义教育，积极进行社会核心主义价值观教育，积极进行社会主义基本道德规范教育。网络教育要把握体现社会主义基本道德规范的本质要求，更要有社会主义核心价值观的鲜明导向，只有这样，才能够扶正祛邪；只有这样，才能够把握高校思政教育的大方向。

二、民主平等原则

民主平等原则，从定义上看，既有抽象含义，又有具体含义；从本质上看，既表现为具体贯彻方法，又体现其内在发展趋势。

民主平等原则，是自由对话的基础，是新媒体环境下思政教育自身特征以及自身适应时代发展的要求。新媒体时代，作为教育对象的大学生，他们的自我表达、自我思考以及自我意识已经渐趋成熟，对自己以及自己和周围的关系有了独立的认识和评价，盲从性减弱，主体性增强。借助网络等多媒体手段，可以更好地阐明自我观点。因此，在教育过程中应该十分重视教育者与受教育者的平等关系和民主精神。教育者在教学过程中要树立教育民主化的观念，以平等信任的态度深入学生，在与学生的和谐相处中使学生畅所欲言，袒露心声，自觉接受教育。当然还要努力创造民主条件和民主环境，疏通广开言路的各种渠道，双方协作共创健康自由的民主氛围。教育者只有降低自己的“身段”，俯下身子，怀着“虚怀若谷”的心态，将思政教育的内容下载到与受教育者平等交流对话的平台上，才会收到预期甚至超出预期的思政教育效果。此外，高校还要注意加强宣传教育和思想引导，帮助学生消除思想顾虑和认识误区，摆脱思想束缚，学会正确行使和维护自己的民主权利，提高自我教育的能力。胡锦涛同志在党的十七大报告中指出：“加强和改进思想政治工作，注重人文关怀和心理疏导，用正确方式处理人际关系。”这是党中央对加强和改进思想政治工作的新要求，是当前改进思想政治工作的首要任务。

三、正面教育原则

正面教育原则具体就是坚持循循善诱，以理服人，注意运用正面形象、先进典型和正面道理教育学生，鼓励学生发扬长处、克服缺点、积极向上。培养健康的集体舆论观，促使学生自己教育自己。正面教育原则符合高校大学生思想品德的形成和发展规律，这一原则是根据我国社会主义思政教育的目的、我国道德教育的性质以及思想品德形成和发展的规律提出来的。所以，高校在进行思政教育的过程中一定要注意正面引导，说服教育，启发自觉，调动受教育者的积极性。

正面教育原则对思政教育者提出了四个方面的要求：第一，积极发挥榜样的作用。通过树立典型，发挥榜样作用，进行正能量的传播，从正面引导大学生模范做人，开拓进取。第二，思政教育者要善于摆事实、讲道理，通过事实和道理开拓大学生的思想政治学习思路，启发大学生的思想政治自觉性，促进大学生道德、思想、政治水平的提升。第三，发挥大学生的主动性和积极性，通过正面引导和奖励，达到长善救失，尽量避免以惩罚的方式进行教育，动不动就批评处罚、一棒子打死是正面教育原则的大忌。第四，思政教育者还要懂得利用网络平台的优势，通过运用不同的多媒体形式，向大学生传递正能量。教育者可以借助网络短片等形式进行正面引导，从而使大学生思政教育达到潜移默化的效果。在新媒体环境下，正面教育原则仍然是思政教育的重要原则，只有遵循这一原则，高校思政教育才能顺利进行，如若不遵循这一原则，思政教育会得到与其预期目标相反的结果。

新媒体思政教育要贯彻正面教育原则，首先要丰富新媒体环境下正面教育资源，拓宽新媒体环境下思政教育的平台和途径；其次要主动抢占新媒体环境下思政教育领地，网络环境下，高校可以通过建立思想政治专题网站、思政教育论坛等形式，拓宽思政教育领地，达成思政教育目的，促进大学生的成长和成才。

四、稳定性原则

思政教育的稳定性针对的就是思政教育内容及其形式、方法和手段。思政教育的内容及其形式、方法和手段极为丰富，是代表统治阶级根本利益与体现统治阶级基本意志的，稳定的思政教育内容及其形式、方法和手段成为其进行稳定统治的重要基础。

我国正处在社会主义初级阶段，社会主义意识形态和马克思主义基本理论是这一阶段思政教育的基本内容、形式、方法和手段，应该保持其固有的稳定性，这是现阶段社会主义制度自我完善的需要，也是国家意志和实现人民利益的体现。在一个相当长的历史时期内，我国高校思政教育基本的内容及其形式、方法和手段是不变的，为高校大学生提供德育支持，促进大学生成长成才和为社会主义现代化建设培养人才的使命也是不变的，而思政教育的指导思想和核心内容即马列主义、毛泽东思想和邓小平理论则是永恒的教育主题。当然，思政教育的这种稳定性是一种相对的稳定性，根据马克思主义哲学观点，运动和发展是绝对的，静止是相对的。因此基于该内容及其形式、方法和手段的高校思政教育的稳定性，是随着时代的变化而发展变化的，其稳定性具有时代性，体现出新时代的特征。在新媒体时代背景下，各种条件纷繁复杂，同时大学生思想情况也千差万别，思政教育的内容及其形式、方法、手段只有随机应变，才能适应千变万化的客观实际。随机应变性也是思政教育内容及其形式、方法和手段的内在属性，这就要求高校教育者在保持教育内容及其形式、方法、手段相对稳定的同时，灵活机动地根据大学生的现实思想问题，针对具体的人和事来调整、补充和选择教育内容及其形式、方法和手段，使所授内容及其形式、方法和手段与大学生的具体思想实际相吻合。

在新媒体环境下，高校思政教育内容及其形式、方法和手段坚持稳定性原则，这会使思政教育的有效性大大增加，从而增强高校思想政治工作的说服力，进而增强思政教育的权威性。相反，面对不稳定的思政教育内容、形式、方法和手段，教育者和受教育者会产生思想上的混乱，进而影响高校思政教育的有效性。在新媒体环境下，大学生可以通过新媒体听到不同声音，这样就会使大学生对思政教育产生怀疑，使思政教育工作变得更加复杂。因此，在新媒体时代，应该坚持以社会主义意识形态和马克思主义指导地位为主体的思政教育内容以及形式、手段、方法的稳定性，这是高校思政教育工作的重要原则。

五、针对性原则

针对性是高校思政教育的普适性原则。随着年龄的增长，大学生接触外界事物的范围不断扩大，社会交往能力不断增强，遇到的困难和问题也日益增多，并开始对事物的产生、发展和变化有了自己的看法，对外界的需要和需求也逐渐切合实际。此时其个性化思想和心理特点主要体现在以下五个方面：一是世界观逐步形成，但政治理论基础薄弱；二是思想较为活跃，但政治上还不够成熟；三是自尊心和荣誉感较强，但自我意识较为浓厚；四是知识上日趋多元化，但缺乏感性知识和经验；五是要求个性独立，但心理较为脆弱。针对性原则要求思想政治工作者从个体出发，兼顾影响其思想品德形成的诸方面的实际情况，有针对性地根据个体心理发展特点进行制定。个体的个性心理特点包括个体的思想、心理、个性等诸多方面。所以，针对性原则应该摸准高校大学生的思想脉搏，抓住高校大学生的个性特征，了解主客观因素，而后有的放矢、有针对性地进行说服指导等方面的教育工作。

新媒体时代，要做到思政教育的针对性就要求高校在进行思政教育过程中做到以下几个方面：一是要热爱学生。教育家马卡连柯说过，“爱是教育的基础，没有爱就没有教育”，热爱学生是教育的根本，也是思政教育的根本。二是要尊重、理解学生，保护其自尊心。自尊心是一种建立在自我评价的基础上，要求社会和集体承认自己的人格和能力的思想感情。作为高校思想政治工作者，要善于聆听每个学生的心声，尊重他们的人格，保护他们的自尊心，这是使学生不断进步的关键。三是要善于利用表扬和鼓励。表扬和鼓励是促进大学生发挥潜能，增强学习积极性的优良手段，思政教育工作者应该利用好表扬和鼓励的方法，增进学生思政教育学习的积极性。四是要讲求批评的艺术。人无完人，更何况是处在思维发展高原期的大学生，他们出现错误是在所难免的。高校思政教育工作者在实际的教学过程中应该将这种“错误”最小化，采取含蓄的、间接的表达方式，让大学生认识到自己的错误，达到“润物细无声”的效果。五是要坚持以正面教育为主。以习近平总书记为核心的党中央指出，在思政教育过程中，要牢牢把握正面教育为主的原则，确保教育实践活动沿着正确轨道深入推进。同时，我们要认识到强调“正面教育为主”不等于一团和气的好人主义，更不等于多年来盛行的庸俗关系学。因此，要开展批评与自我批评，必须在坚持正面教育为主的同时，坚决破除那种一团和气的好人主义，尤其要坚决摒弃庸俗关系学。大学生的自尊心、进取心都比较强，思想政治工作者在青年学生思想出现问题时，不能采取否定一切的态度，而要善于发现他们身上的长处，做到扬长避短，坚持正面教育。因此，针对新时期、新环境、新特点、新情况、新对象，采取新手段、新途径、新办法，是当前思政教育针对性原则的必然要求。思政教育只有遵循针对性原则，才能体现它的规律性和科学性，进而增强它的实效性。

六、主体性原则

主体性原则是人对世界（包括对自身）的实践改造原则，是从人的内在尺度出发来把握物尺度的原则，是强调人的发展和人的主体地位对改造世界所具意义的原则。在高校思政教育过程中，作为思政教育的主体，应该将受教育者视为实现教育目的的主体，受教育者的地位应该得到充分的尊重，只有这样才能促进思政教育的有效开展。思政教育主体性原则是思政教育客观规律的要求，是高校发展的必然趋势。坚持思政教育的主体性原则，特别是在新媒体时代，一定要充分发挥教育者的主体性，尊重和调动受教育者的主体性。联合国教科文组织在《学会生存》中指出："教育正在越出历史悠久的传统教育所规定的界限。它正逐渐在时间上和空间上扩展到它的真正领域'整个人的各个方面'，在这一领域内，教学活动便让位于学习活动。虽然一个人正在不断地受教育，但他越来越不成为对象，而越来越成为主体了。"在新媒体背景下，随着各方面权利的扩张，高校思政教育过程中应该尊重学生的自我发展和主动参与，只有这样，才能创造性地发挥大学生思政教育的积极性，才能促使他们主动地发现问题、探索问题和解决问题，充分体现学习者的选择性、主动性、创造性和想象力。新媒体环境下，高校思政教育工作者应该更新思政教育观念，树立大学生是高校思政教育主体的观念，不断明确大学生在高校思政教育过程中的主体地位，把长期以来受忽略的学生作为主体，切实尊重学生的主体地位。

确立思政教育主体性原则的必要性体现在以下几个方面：一是高校思政教育坚持主体性原则是思政教育内容以及教育规律的客观要求，思政教育原则反映了思政教育的内容和规律的必然要求，是对思政教育客观规律主观认识的成果。二是思政教育坚持主体性原则是人类社会发展的必然要求，是高校发展与进步的必然要求。三是思政教育坚持主体性原则是对思政教育实践经验的总结，思政教育改革和创新的推进及其效果的检验，都要充分发挥教育者和受教育者的主观能动性，使教育者和受教育者都成为教育活动的主人，激活与激发他们的热情和活力，使教育活动真正成为一种双向活动，从而提高思政教育的实效。

新媒体环境下，高校坚持思政教育的主体性原则的具体要求体现在以下几个方面：一是充分发挥教育者的主体性。教育者应该具有强烈的责任感和事业心，同时还要根据不同层次的受教育者进行相应的思政教育。高校思政教育在不同的阶段应采取不同措施，如大一采取新生入学教育，大二采取通识教育，大三采取专业教育，大四采取职业教育。教育者还应该根据不同的教育内容采取不同的教育手段和方法。二是充分尊重和调动受教育者的主体性。在新媒体背景下，高校应该积极调整传统的思政教育目标模式，重视高校思政教育者与受教育者之间的关系，主次分明，有的放矢，把培养受教育者的主体地位纳入高校思政教育的目标体系中。同时，改变教育者与受教育者之间传统的交流地位，应该平等地交流和对话，变传统的单向教育模式为互动交流模式。使教育者与受教育者公平、公开、平等交流，实现“主体客体化”与“客体主体化”，消除教育者和受教育者之间的隔阂与距离，达到实现高校思政教育真正育人的目的。在这个过程中，更要唤起和提高受教育者的自我意识，发挥受教育者的积极性和主动性，促进受教育者进行自我教育、自我提高。

坚持思政教育的主体性原则，做到两个结合：一是实现教育者和受教育者的有效结合，两者之间一定要分清主次，重点突出，积极发挥受教育者的主体意识，激发受教育者的自我教育能力。二是实现高校的教育内容和措施与受教育者的特点相结合。高校思政教育的最终目的就是改善大学生的思想政治现状，因此，注重高校思政教育的主体性就是要实现受教育者与教育内容和措施的有效结合。

七、实效性原则

新媒体环境下，实效性原则是高校思政教育的立足点，也是有效落实思政教育内容的重要保障。思政教育实效性原则，是指高校在思政教育过程中，教育的客体在多大程度上满足教育主体的要求，或思政教育在实践中形成的价值等。高校思政教育实效性评价是根据高校思政教育目标要求和大学生身心发展规律，运用科学的评价技术和手段，对思政教育效果进行测量、分析、比较，并给予价值判断的过程。

社会转型期大学生社会心态的变化，对高校思政教育教学的实效性产生了较大的影响。由于新媒体的虚拟性特征，对高校思政教育工作讲求实效性增加了一定难度，这种难度不仅表现在内容上，更多的是一种适应的难度，因此，新媒体环境下思政教育贯彻实效性原则显得更为必要和重要。高校思想政治工作一定要紧紧围绕“实效性”开展，思政教育的内容、方法在实际操作过程中都必须遵循实效性。“台上讲得头头是道，台下听得没有味道”，这是高校思政教育工作无效性的体现，既浪费了教育资源，又使得高校思政教育的权威受到挑战。实效性原则的体现是以具有实质意义的结果体现出来的，“表面文章”“华而不实”本身就不是实效性原则的特点，它反对的是教条主义、形式主义的假大空现象。它强调的是高校思政教育内容的有效落实，强调的是高校思政教育措施的有效贯彻。思政教育的实效性讲求四个方面：内容的真实性、途径措施的高效性、实施环节过程的规范性、监督管理的科学性。因此，思政教育工作一定要从实际出发，根据新媒体时代的实际，针对出现的新情况、发现的新问题，制订适合时代特点和符合高校实际的新内容，采取新方法，有效地进行高校思政教育工作。

实效是高校思政教育的标尺，是高校思政教育的试金石，是高校思政教育的落脚点。要保证思政教育的实效性，必须注意科学性，按照思政教育的规律办事。其一，深化高校思政教育教学改革，培育大学生和谐的社会心态；其二，突出教学重点，注重发挥思政教育的课堂教学主渠道作用，落实思政教育内容，加强教学内容的针对性；其三，改进教学方法和手段，提高思政教育教学的实效性，要探索多样化的教学方法和手段，使思政教育取得良好实效；其四，改革考核方式，建立起“以学生为核心”的人性化考评体系，多角度、多方位地反映学生的思想状况及其价值观，从而真正提高教学的实效性。只有科学化、制度化，思政教育工作才能在良好的环境中贯彻各项原则，收到实际效果。

八、疏导原则

疏导原则即疏通和引导相结合的原则，疏导原则在思政教育过程中居于主导地位。疏导原则的功能有教育引导、心理咨询、冲突缓和等。现代社会中，大学生的思想、行为的取向与选择不同程度地受社会环境的影响，高校思政教育的疏导原则要采用灵活多样的方式进行。

新媒体环境下高校思政教育中的疏导原则是我们进行教育活动的一贯原则，它是中国共产党成立以来思政教育的成功经验和有效方法的总结，它的基本精神就是用迂回的方式、说服教育的方法、民主的方法去解决大学生之间以及大学生与社会之间的思想问题。疏导，即疏通和引导。所谓疏通，即充分发扬社会主义民主，努力创造畅所欲言的条件与环境，广开言路，集思广益；所谓引导，就是在疏导的基础上对被教育者不正确的思想，采取教育与自我教育的方法进行教育引导，将其导入积极、正确、健康向上的轨道上来。

新媒体环境下，各个层次的问题不断出现，高校思政教育落实疏导原则的难度在不断加大。针对高校思政教育疏导方法面临的新问题，我们必须做到与时俱进、积极开拓新思路，对疏导方法进行深入研究，深化新媒体时代疏导方式的多样化。只有这样，才能拓宽视野、避免片面性，疏导方法才更具有科学性和可行性。

新媒体使教育信息的传播由单向变为双向、多向，教育者和受教育者都可以从新媒体中获取大量的信息，都可以成为信息的发布者和评论者。新媒体环境下，高校可以借助建立专题网站的方式实现疏导。正确利用网络进行疏导工作：其一，提升认知度。网站认知度是指网站被公众认识和知晓的程度，高校思想政治网站被社会公众认知是政府网站发挥作用的基础。通过提高网站认知度，可以有效地进行网络疏导。其二，提高互动性，高校舆论的形成，常常要经历一个复杂的选择、争论和交流的过程。高校可以借助网站，开通互动环节，通过网络实现教育者与受教育者之间的交流。其三，增强舆情引导力，新媒体的发展使得大学生强烈地要求向社会表达自己的意愿，并通过各种方式维护自己的合法权益。

九、创新原则

党的十六届六中全会指出，要逐步建立起社会主义核心价值体系。这一价值体系包括马克思主义指导思想、中国特色社会主义共同理想、以爱国主义为核心的民族精神、以改革创新为核心的时代精神、社会主义荣辱观五大要素。高校思政教育工作也必须遵循创新原则，这一原则不仅针对高校的决策者，更针对高校的思政教育者以及采取的教育方法。高校思政教育创新是思政教育者借助调动构成思政教育活动的其他要素的作用，使其进入激活状态，并最大限度地发挥各自效能，服务于思政教育目的的手段，因此它又是思政教育其他要素由准备状态转化为实际状态的中介，在思政教育其他要素功能的发挥中具有关键意义。

创新原则要求高校思政教育者转变教育思维方式。思维方式是人们在认识和把握对象的整个思维过程中所运用的工具。在新媒体背景下，陈旧、落后、传统的思维方式，有碍于教育者准确地理解和把握高校思政教育的目的和任务，有碍于教育者恰当地选择和运用教育内容，有碍于教育者正确地认识和对待受教育者，有碍于教育者形成创新的意识、产生创新的冲动、设计创新的内容。所以，在进行思政教育过程中，教育者只有采取创新的思维方式，才能提高科学性认识，才能正确认识和把握思政教育方法的内在本质，从而正确地运用思政教育方法服务大学生成长成才，服务高校发展。

创新原则还要求高校思政教育者深化原有的方法，使其具有现代功能。思政教育方法在继承和批判吸收传统教育方法的同时，应该以其为基础，不断深化传统教育方法的内涵。“党的思政教育方法，主要是教育的方针、原则方法和一般方法，是以马克思主义为指导，在实践中总结概括出来的，并经过长期教育实践的检验，证明它是科学的，我们应该在实践中对它进行吸收和深化。”

创新原则还要求充分利用新媒体手段。新媒体以迅猛的速度改变着人们的思维方式、生活习惯、价值观念，在这种环境中成长、生活的青年学子，其思想的复杂性状态和不稳定程度比以往任何时候都突出。随着新媒体时代的发展，借助网络技术的进步，思政教育方法要充分利用网络推动思政教育方法科学化、现代化、最优化。本着创新原则，高校应该积极创建思政教育的网络平台，营造“红色网络文化”氛围，采取传输、引导、监控等方式，占领网络思想意识阵地，积极探索实现校园网与思政教育相结合的途径，充分利用网络技术优势加强和改进思政教育工作。这个过程中一定要注意三种结合：一是主动性和互动性相结合。新媒体技术的发展使得互动性增强，这种互动性使得高校思政教育的教育者和受教育者的交流增加，在互动过程中，争取主动，积极引导，以主流信息做正面宣导，让学生在教师的引导下接受信息，并学会鉴别信息的技能，提高筛选信息的水平，同时接受良好的思政教育。在这种互动的背后，更多的是信息传播的效率。作为思政教育工作者，必须牢记自己的职责，不能被网络的虚拟以及所谓的“平等”掩盖了现实思政教育者的身份和主动角色，否则会陷入“一事无成”的境地。二是注重高校思政教育与综合素质教育的结合。单纯的思政教育资源一般不能满足和吸引学生接受教育，可以借助网络把体现综合素质教育的一些版块，如学术论坛、风采展示等有机地融入思政教育，使思政教育的内容既丰富又趣味化，这也是高校思政教育工作的一种创新之处。三是贯通“上下”，网上教育与网下教育相结合。新媒体环境下，网络已成为思政教育的重要载体。但是大多数传统的教育方法仍然没有过时，因此，思政教育的任务单靠网上的教育并不能更好地完成。由于网络教育较之于传统教育存在先天不足，网络手段往往不能完成传统教育的诸多功能，因此，高校的大量思想政治工作仍然要在网下进行。在新媒体背景下，网上的思政教育拓宽了教育的方式和方法，丰富了高校思政教育的内容，开辟了思政教育的领域。因此，面对新媒体，我们应该积极创新方法与途径，实现高校思政教育的新发展。

十、法治性原则

大学生思政教育管理理念、程序、权威以及大学生思政教育管理者的法律水平等都面临着前所未有的挑战，高校必须采取相关对策，学会用“法治”的理念来解决实践中出现的情况和问题，“法治化”便成为大学生思政教育管理工作的必由之路。大学生思政教育管理法治化是一项系统工程。通过加强高校思想政治法治建设，注重对高校校内规定的审查，确保下位法不违背上位法的原则和精神，确保“良法之治”；以完善学生权利救济制度为契机，在大学生思政教育和管理中更加注重程序规范，适当借鉴听证、仲裁等制度。通过积极营造依法治校的良好环境，切实树立大学生思政教育和管理法治、平等和服务的理念，进一步完善大学生思政教育管理的运作模式，扎实推进大学生思政教育管理法治化建设。当然在实施大学生思政教育和管理法治化的过程中，也要注意避免用法治来代替大学生思政教育的误区，大学生思政教育管理法治化进程中，思政教育立法和执法都要坚持适度性原则，注意避免思政教育过程中的全面法律化。

新媒体时代，随着互联网全球范围内的迅速发展，网络的开放性、数字化、虚拟性、交互性的特点使得网络安全问题日益突出，网络传播的便捷性以及网络传播的无节制性使得不良信息借助网络得以大规模泛滥。高校进行法制教育的原因有两个：一是大学生法律意识淡薄。近年来，大学生违法犯罪是一个严重的社会问题，导致青少年犯罪率上升的首要原因便是其法律意识淡薄，加之网络环境下，大学生的社会经验缺乏，理当且必须重视法制教育的开展。二是法制教育是保证大学生思政教育的基石。加强法制教育是稳固高校教学质量的有力保障，更是确保大学生学习掌握技能的基石，只有当学生树立了正确的世界观、人生观、价值观，才能保持健康的心理状态、明确的学习态度和正确的学习方法，从而学有所用、学有所得，才能实现高校人才的教育培养目标。

法治性原则要求高校思政教育者在进行思政教育过程中渗透法制教育，这要求高校思政教育者具备良好的法律素养，只有这样才能在课堂教学中信手拈来，不事雕琢，与课堂浑然一体。否则，很容易生搬硬套，失去教育意义甚至适得其反。法治性原则还要求高校思政教育者在具备良好的法律素养和丰富的法律知识的前提下，同时具备对媒体不良信息的识别能力。

实践证明，新媒体时代高校思政教育的原则得到了丰富与充实。借助新媒体，高校思政教育的信息资源得以及时有效地对大学生施加影响，这极为有效地拓展了思政教育的途径。当然对于思政教育的核心问题、本质问题，仍然需要我们根据新时期的原则进行施教，仍然离不开面对面的教育行为。总之，新媒体背景下的思政教育，在开辟新途径、新领域的同时，也提出了新课题和新要求，要顺利完成这一课题和要求，就必须遵循新媒体环境下思政教育的基本原则，否则，新媒体时代的思政教育就难以收到实效。

第四章　新媒体视角下大学生思政教育的内容

改革开放以来，我国在各方面都取得了前所未有的成就。借助改革开放这股春风，高校大学生的思政教育也取得了长足的发展。与此同时，随着社会主义市场经济的纵深发展，特别是新媒体技术的无限扩展，高校领域的各种思想进行着相互碰撞，直接或间接地影响着大学生思想道德素质、政治素质以及心理素质的健康发展与提高，这种局面的产生与形成使高校思想政治工作面临着严峻的挑战。所以研究和分析新媒体背景下高校思政教育的内容显得非常必要，且具有重要的现实意义。

思政教育内容的构建是一项系统工程，是一种由思想政治相关因素构成、加之教育因素补充的、具有发展性和创新性的、社会实践活动的理论总结。纵观思政教育内容的发展，我们总结出一条经验，就是思政教育内容的实现需要诸多方面的合力，要求教育方针、教育原则、教育措施的合力保障，只有这样，思政教育内容才能够以系统化的结果实现其价值和功能。高校思政教育的内容构建更是如此，应该在考量我国高校实际情况的基础上，结合新媒体时代的特征，同时做到实事求是和与时俱进。

第一节　新媒体视角下大学生思政教育内容存在的主要问题

一、思想观念与新媒体时代思政教育的地位作用不相适应

在新媒体背景下，思政教育的作用显得越来越重要，当然也迫切需要确立与之相适应的思想观念。新媒体时代的发展，给高校思政教育工作带来了机遇和挑战，思政教育的内容在新媒体技术下的发展问题也随之出现。

高校思政教育内容的滞后性主要表现在以下：高校思想政治课堂教育的滞后性，高校思政教育者为了便于教学，使用陈旧的课件进行课堂教学，这的确可以省去教师备课的时间，但是也导致了教学内容不能与时代接轨，最终使课堂教学索然无味，影响大学生的学习积极性，从而直接影响高校思政教育的教学效果。

新媒体的快速发展给高校思政教育领域带来了不少挑战，高校思政教育内容还面临着发展的滞后性。这种发展的滞后性表现为高校思政教育内容滞后于社会经济发展，不能很好地与社会经济发展相适应；滞后于国内外形势的发展和变化，不能紧跟时代发展潮流而墨守成规，一味地故步自封。就目前高校思政教育的内容来看，大学生的思政教育内容缺乏与新媒体技术相关的道德、伦理教育。面对科学技术的迅猛发展，思政教育内容的缺失特别是针对网络的道德教育的缺失，使得高校思政教育内容不全面，很难适应新媒体迅速普及的新形势，很难达到高校思政教育的要求。

二、教育内容与新时期思政教育的基本任务不相适应

适应新媒体时代发展的要求，是高校思政教育的原则性要求，但是在实际的发展过程中，高校思政教育很难做到与时俱进。高校在开展思政教育过程中，总是试图通过增加所谓的“特色”内容，突出其思政教育工作的特色，但是在实际操作中却“因小失大”“顾此失彼”。这不仅削弱了教育的系统性和完整性，失掉了对高校思政教育的本质性认识，冲淡了高校思政教育精心设置的重点教育，也冲击了正常的教育秩序。相反，由于添加的所谓特色内容处于思政教育的边缘，使得高校思政教育工作的效果难以达成。由于高校思政教育内容的创新性相对缺乏，当前的教育内容依然固守在传统的思想政治内涵上，缺乏网络层次、实践层次的内容，因此涵盖面比较窄，不能适应新媒体时代社会发展的需要，不能适应高校思政教育发展的要求。

三、高校思政教育内容之间、部分与整体之间关系处理不当

思政教育内容是由思想教育、道德教育、政治教育、法制教育、心理健康教育等构成的一个稳定的内容系统。高校思政教育工作要想取得创新，就必须加强现有的思政教育内容各个部分之间的联系、渗透、互补与融合，注重部分与整体之间的关系，通过构建部分的稳定性，促进整体稳定性的发挥，实现整体优化、协调化发展，发挥内容的合力作用。构成思政教育内容的部分之间存在的问题表现在以下两个方面：一是重点内容“唯一化”，思政教育内容中的重点部分虽然很突出，主次关系也很明确，但在实施教育内容过程中，把思想政治的重点内容变成了唯一的内容，用重点内容代替其他方面的教育内容，造成了内容体系的不完整和内容结构的片面性缺陷，五项内容之间没有相互结合、渗透，使得高校思政教育的内容在部分缺失的同时也造成了大学生对思政教育工作的疑虑。二是思政教育内容的各个部分在整体中的地位和角色不明确，各部分的重点不突出，主次地位不清晰，在实际的思政教育过程中主次颠倒，用相对次要的教育内容冲淡乃至代替主要的教育

内容。

加强高校思政教育内容之间的联系，增强高校思政教育工作部分与整体之间的联系，还必须做到以下两点：一是高校思政教育内容应该“合目的性”，合目的性是指思政教育内容（各个部分内容）必须适应社会实践发展的需要和促进人的全面发展，各个部分内容在进行教育时应该彼此兼顾、重点突出、特色有序。二是要求高校思政教育者增强“合力”意识，通过主动干预，让彼此关联性差的教育内容能够围绕某一主题展开，增强内容之间的“兼容性”。

四、高校思政教育内容与教育主体不对等

目前来看，部分高校在进行思政教育过程中，对思政教育内容没能细化，而是直接进行“一刀切”。在教育过程中，没能考量受教育者的个体性特点。高校思政教育的内容应该具有明显的层次性，这种层次性可以通过针对不同受教育主体实施不同教育内容来体现。例如，按照年级层次进行思政教育内容的分层。对大学一年级的学生可以进行新生入学教育，涵盖思政教育中的大学生道德、大学生适应心理等方面；对于大学四年级的学生可以围绕“毕业”教育展开，可以进行就业心理、职业道德等思想道德教育的渗透。

五、高校思政教育内容的说服力不强

说教是高校思政教育的惯用手段，而说服教育效果的大小取决于思政教育内容说服力的强弱，这是因为说服教育的手段是以思政教育内容为蓝本的。在新媒体时代，大学生信息获取渠道多样化，心理发展多元化，所以传统的思想教育很难驾驭高校大学生的思想。

第二节　新媒体视角下大学生思政教育内容的依据

一、高校思政教育内容的理论依据

“师出有名”阐明了做事的一个原则，那就是做任何事情都要以科学理论为依据，高校思政教育的内容也不例外。其作为一种教育活动的主体部分，理应澄清其理论依据以及理论来源。马克思主义的基本理论为思政教育提供了理论基础和依据。在马克思主义理论体系中有两个概念：社会存在和社会意识。社会存在指的是构成人类社会的一切存在，包括人、社会组织、社会活动、各种财产、知识等；社会意识指的是社会在社会精神领域中

的反映，是精神现象的总和，包括社会的人的一切意识要素和观念形态。马克思主义认为，社会存在决定社会意识，社会意识是社会存在的反映，社会存在的性质和变化决定社会意识的性质和变化。社会意识对社会存在具有能动的反作用。先进的、革命的、科学的社会意识对社会存在的发展产生巨大的促进作用；落后的、反动的、不科学的社会意识对社会存在的发展起着阻碍作用。思政教育工作根植于马克思主义所揭示的关于理论与实践、社会存在与社会意识的内在本质及其辩证关系的科学理论。所以，高校在进行思政教育内容创新的过程中一定要依托其理论基础，同时要做到与社会实践结合，根据具体的社会实践对相对应的理论进行有机整合。

马克思主义提出的关于人的本质和人的全面发展学说，也是我们确定高校思政教育内容的重要理论依据。马克思主义对人的本质问题做了深入的研究和全面的揭示与论述，先后给人的本质做了三个界定。第一个界定是在《1844 年经济学哲学手稿》中做出的。马克思说："劳动这种生命活动、这种生产生活本身对人来说不过是满足他的需要即维持肉体生存的需要的手段。而生产生活本来就是类生活。这是产生生命的生活。一个种的全部特性、种的类特性就在于生命活动的性质，而人的类特性恰恰就是自由的、自觉的活动。"这里说的人的类特性即人的本质；这里说的自由的、自觉的活动即劳动。可见，这里是说劳动是人的本质或人的本质是劳动。第二个界定是在《关于费尔巴哈的提纲》中做出的。马克思说："人的本质不是单个人所固有的抽象物，在其现实性上，它是一切社会关系的总和。"简单地说，就是人的本质是一切社会关系的总和。第三个界定是在《德意志意识形态》中做出的。马克思、恩格斯指出："在任何情况下，个人总是从自己出发的，但由于从他们彼此不需要发生任何联系这个意义上来说他们不是唯一的，由于他们的需要即他们的本性，以及他们求得满足的方式，把他们联系起来（两性关系、交换、分工），所以他们必然要发生相互关系。"简单地说，就是人的需要即人的本质（本性）。

马克思主义关于人的全面发展学说指出，人的全面发展首先是人的能力的充分发展。在《德意志意识形态》中，马克思写道："在共产主义社会里，任何人都没有特殊的活动范围，而是都可以在任何部门内发展，社会调节着整个生产，因而使我有可能随自己的兴趣今天干这事，明天干那事，上午打猎，下午捕鱼，傍晚从事畜牧，晚饭后从事批判，这样就不会使我老是一个猎人、渔夫、牧人或批判者。"其次是人的社会关系的全面丰富，也就是说人的能力发展与社会发展充分相适应。实现人的全面发展同样需要社会满足一定的条件，社会能够为每一个成员提供全面发展和表现自己全面能力的机会。另外，人的全面发展也需要社会提供的全面教育。因而，高校思政教育的内容要根据社会的发展、人的需要和人的全面发展的要求来制订和不断创新，只有这样，高校的思政教育内容才能具有发展性、针对性、实效性和创新性。

二、高校思政教育内容的实践依据

新媒体技术的发展为高校思政教育拓展了新空间、开辟了新渠道、注入了新活力，使高校思政教育工作的覆盖面得以扩展，对大学生的影响力不断增强。借助新媒体的各种技术，使得高校思政教育实现的手段更加多样化，并且实现的形式也更加新颖化。但是，我们在发挥新媒体优势的同时，也应该认识到其发展带来的弊端，如不良与不实信息泛滥为大学生带来的负面影响等。所以我们在制订高校思政教育的内容过程中，一定要辩证认识新媒体，发扬其优点，屏蔽其缺点。

在考量虚拟环境的同时，我们还应该关注现实社会对高校思政教育内容的影响，这包括社会实际需求和高校两个层面。在国内方面，高校思政教育内容应该与社会发展的实际与需求相适应，高校思政教育的内容应该走在社会发展的前面，当然还应该“边发展、边适应”。在高校方面，思政教育内容应该做到两个依据：一是依据大学生发展实际；二是依据高校自身发展实际。

第三节　新媒体视角下大学生思政教育内容的要求

高校思政教育承担着为国家建设培养人才的重要职责，因此我们在构建高校思政教育内容的过程中一定要考虑各方面的因素，权衡不同方面的要求。新媒体背景下高校思政教育内容构建的要求体现在以下几个方面：一是坚持高校思政教育内容的社会主义方向；二是提升高校思政教育内容的科学性；三是完善高校思政教育内容的系统性；四是突出高校思政教育内容的时代性。

一、坚持高校思政教育内容体系的方向性

高校思政教育的过程就是培养大学生政治素养的过程，这一过程的夯实有利于大学生形成坚韧的政治觉悟。高校思政教育内容也应该朝着这一方面努力。在制订高校思政教育内容时，一定要注意发扬其鲜明的方向性。所谓的方向性指的就是高校思政教育内容在规定大学生的社会性发展和个性发展上，应该坚定社会主义方向。高校坚持思政教育内容体系建设的社会主义方向，主要表现在四个方面：一是坚持以马克思主义为指导思想；二是把握中国特色社会主义共同理想；三是培育以爱国主义为核心的民族精神和以改革创新为

核心的时代精神；四是树立以“八荣八耻”为主要内容的社会主义荣辱观。坚持马克思主义为指导是中国共产党自成立以来的理论武器，高校思政教育内容应该坚持以其为指导。中国特色社会主义共同理想是社会主义核心价值体系基本内容的一部分，即坚持中国共产党的领导，坚定走中国特色社会主义道路，坚定实现中华民族的伟大复兴的信念，高校思政教育内容要保证其政治性就必须予以坚持。民族精神和时代精神是培养大学生爱国主义和创新能力的重要支柱。社会主义荣辱观则体现了时代要求。

2006 年 10 月，党的十六届六中全会提出了“社会主义核心价值体系”这个概念，概括了它的四个方面的“基本内容”，即“马克思主义指导思想，中国特色社会主义共同理想，以爱国主义为核心的民族精神和以改革创新为核心的时代精神，社会主义荣辱观”；要求“把社会主义核心价值体系融入国民教育和精神文明建设全过程、贯穿现代化建设各方面”。2007 年党的十七大重申了这些根本观点，要求切实把社会主义核心价值体系转化为人民的自觉追求。这是对我国现阶段思政教育内容的一次新的整合。它构建了一个由四方面基本内容组成的体系，并且浓缩成了一个简明的概念。将来随着实践的发展和认识的深化，反映社会主义核心价值观的理论还会有新的发展。但迄今为止，这是最完整的概括，是现阶段我们把握思政教育内容的指导理论。高校思政教育内容体系的构建理应以此为蓝图，细化其要求，遵循其原则。

二、提升高校思政教育内容体系的科学性

科学性是指概念、原理、定义和论证等内容的叙述是否清楚、确切。高校思政教育内容体系理应体现其科学性，这种科学性体现在以下两个方面：一是高校思政教育内容体系应该做到与时俱进。做到与时俱进应该使高校思政教育内容符合新媒体时代的要求，新媒体使高校教育环境变得异常复杂，所以在进行内容制订时一定要考量新媒体背景下各方面的声音。二是高校思政教育内容体系应该做到实事求是。“务得事实，每求真是也。”所谓实事求是，指从实际对象出发，探求事物的内部联系及其发展规律，认识事物的本质，通常指按照事物的实际情况办事。高校思政教育内容应该体现实事求是，这一过程蕴含着必须始终走好“群众路线”，思政教育工作者应该关注大学生这一主体，必须做到狠抓落实，必须勇于创新，必须强化宗旨观念。

三、完善高校思政教育内容体系的系统性

系统性原理就是若干相互联系、相互作用、相互依赖的要素结合而成的，具有一定的结构和功能，并处在一定环境下的有机整体。系统的整体拥有不同于组成要素的新的性质

和功能。具体来讲，系统的各要素之间、要素与整体之间以及整体与环境之间，存在着一定的有机联系，从而在系统的内部和外部形成一定的结构。因此，要素、联系、结构、功能和环境是构成系统的基本条件。

高校思政教育内容的系统性是指高校大学生思政教育内容是系统的而不是零碎的，它由代表不同功能的诸要素构成，系统本身具有严密的科学体系。高校思政教育内容由思想教育、政治教育、道德教育、素质教育等诸多不同功能的要素组成，各个部分互相联系，彰显系统功能，其在进行施教的过程中应该是重点突出、主次清晰、整体协调。

四、突出高校思政教育内容体系的时代性

思政教育内容不但要反映马克思主义的一般原理，还要反映时代使命、精神、目标、任务和途径。思政教育必须按照时代要求不断丰富自身的内容，坚持以人为本，突出时代特征，贴近实际、贴近生活、贴近学生。

新媒体环境下高校思政教育内容的时代性应该体现在以下两个方面：一是教育内容顺应高校大学生的个性心理发展特点，高校大学生作为先进文化的排头兵，在当代环境下体现了时代特点。在制订高校思政教育内容时应该体现高校大学生的发展特点，顺应大学生的个性心理。二是社会化发展的趋势。当前新媒体技术迅猛发展，发展过程中诸多方面的复杂性呼之欲出，所以在制订高校思政教育内容时理应体现社会发展的时代特征。

第四节　新媒体视角下大学生思政教育的具体内容

新媒体背景下的高校思政教育，是现代社会信息技术的产物，它将思政教育与新媒体技术很好地结合在一起，将传统思政教育的工作范围、教育手段及方式进行拓展和延续。新媒体背景下的高校思政教育，是结合大学生的个体特点，综合现代管理学、传播学、信息科学、思想政治理论，以新媒体为纽带来实施的思政教育活动，是思政教育在新媒体环境下的体现。新媒体环境下的高校思政教育的内容包含大学生日常学习生活的方方面面，不仅有对大学生上网活动的正确疏导，还有网下对其进行的心理咨询、答疑解惑等各种内容。网络思政教育的内容是高校思政教育的核心和灵魂。网络的优势极大地提高了思政教育工作的覆盖面和有效性，但也为各种负面信息的存在与生长提供了土壤，给思想政治工作带来了显而易见的消极影响。面对新形势、新情况，高校思政教育内容的创新和发展就显得至关重要。增强高校思政教育内容的时代感是网络思政教育内容发展与创新的基本要

求，要增强网络思政教育内容的时代感，必须注重研究网络环境下的受教育者的新特点，增强教育引导，提高受教育者自我选择思政教育环境的意识。当代大学生既有强烈的自我意识和自主发展的欲望，追求个性化，又能以积极、开放和竞争的心态面对社会，相对理智务实。高校思政教育只有真正反映时代精神和当代青年学生的特点，才能保持青春魅力，迎接时代提出的挑战。同时高校网络思政教育在内容方面必须加强有针对性的教育，及时纠正不良的思想倾向，端正大学生的思想观念，根据大学生的思想实际，不断调整、充实和丰富思政教育的内容，加强内容的客观性、理论性和现实性；并抓住现实中的争论焦点，用正反事实说话；回避矛盾，不搞片面性，才能真正做到对症下药、有的放矢，从而收到良好的教学效果。

一、思政教育内容的内涵

思政教育内容是思政教育的重要组成部分，是思政教育者向受教育者实施教育的具体要素。它必须体现思政教育的根本任务和目的要求，根据思政教育目标和受教育者的思想实际而确定具体内容。一方面，它必须与时俱进，根据不同时空、不同条件下受教育者的思想实际确定具体内容；另一方面，它必须符合根本任务和目的要求。

所谓思政教育内容的内涵，即一定社会为了实现其根本任务和目标，在思政教育活动中，教育者（教育主体）通过一定的方式和手段向受教育者（教育客体）传递的思想政治观念、社会道德规范等知识系统。

二、新媒体时代下高校大学生思政教育的具体内容

思政教育的内容是思政教育目标和任务的具体化，科学地选择和确定思政教育的内容是实现思政教育目标和任务的重要环节。因此，选择什么内容开展思政教育，决定整个思政教育的特性。中央 16 号文件明确提出，当代大学生思政教育的主要任务是：以理想信念教育为核心，深入进行树立世界观、人生观和价值观的教育；以爱国主义教育为重点，深入进行弘扬和培育民族精神教育；以基本道德规范为基础，深入进行公民道德教育；以大学生全面发展为目标，深入进行素质教育。这为大学生思政教育内容的创新指明了方向。按照思政教育内容的侧重点、目的和对象的不同，新媒体背景下的高校思政教育可以分为思想教育、政治教育、心理教育、道德教育、素质教育等几个部分。

当代大学生的思政教育应该用具有现代化发展趋势、体现时代特点的人和事来引导学生，选择和创新开放环境、竞争环境、信息环境、创新环境的内容来感染学生、激励学生。

（一）政治教育

政治教育是高校思政教育系统中的最高环节，也是高校思政教育系统中难度相对较大的环节。在进行政治教育之初，先澄清两个概念：政治观、政治教育。政治观的本质是一种看法和态度，指人们对以国家为中心的政治关系和政治问题的根本看法和态度。就高校现阶段的实际而言，政治观是指高校教育者与受教育者对党和国家的方针、路线及政策的根本立场、态度和看法。高校进行政治教育的实质是纠正大学生错误的政治认识，在利用新媒体积极进行政治教育宣传的同时，帮助大学生树立正确的政治理论、立场和方向，引导和帮助大学生树立马克思主义世界观。

新媒体时代高校政治教育应该包括党的基本路线教育、形势政策教育、爱国主义教育、网络政治素质教育等。

1. 党的基本路线教育

中国共产党在社会主义初级阶段的基本路线指的是：领导和团结全国各族人民，以经济建设为中心，坚持四项基本原则，坚持改革开放，自力更生，艰苦创业，为把我国建设成为富强民主文明和谐的社会主义现代化国家而奋斗。这是中国共产党第十八次全国代表大会于2012年11月14日通过的《中国共产党章程》中新的规定。概括起来就是“一个中心、两个基本点”。党的基本路线，是相互贯通、相互依存、不可分割的统一整体，须臾不可偏离、丝毫不可偏废，必须全面坚持、一以贯之。中共十八大报告指出，党的基本路线是党和国家的生命线，要坚持把以经济建设为中心同四项基本原则、改革开放这两个基本点统一于中国特色社会主义伟大实践，夺取中国特色社会主义新胜利。党的基本路线教育是政治观教育的核心内容。高校要紧紧把握这一思政教育的核心内容，在把握本质的基础上，结合新媒体时代的特点，参考大学生的个性心理特征，不断丰富其内涵。

2. 形势政策教育

形势是指国内、国际的时事发展趋势，政策是国家政权机关、政党组织和其他社会政治集团为了实现自己所代表的阶级、阶层的利益与意志，以权威形式规定在一定的历史时期内，应该达到的奋斗目标、遵循的行动原则、完成的明确任务、实行的工作方式、采取的一般步骤和具体措施。形势政策教育是政治教育的一项经常性的教育内容。巴西教育家费雷尔指出“学校应该敢于建立一种新的社会秩序”；杜威也曾说过“学校即社会”，这其中阐述的道理就是高校应该承担起形势政策教育的任务。形势政策涵盖危机事件、舆论事件等诸方面，渗透社会生活的各个角落。形势政策教育开展的形式可以是以教师为主导的课堂教学、学术沙龙等。

3. 爱国主义教育

爱国主义教育是指树立热爱祖国并为之献身的思想教育。爱国主义教育是思政教育的重要内容，是一面具有最大号召力的旗帜，是中华民族的优良传统。我国爱国主义教育的特点是：艰苦奋斗、辛勤劳动，不断丰富和发展中华民族的物质文化财富；反对民族分裂和国家分裂，维护各民族的团结和国家的统一；在外敌入侵面前，团结对外，英勇抵抗，维护祖国的主权和独立；同一切阻碍历史发展和社会进步的势力与制度进行斗争，推动祖国的繁荣和进步。爱国主义是长期生活在一定领域里的人民，在深刻理解祖国所代表的各种价值对人类进步所具有的意义的基础上产生的强烈而执着的爱国之情和神圣信念。高校要进行爱国主义教育，就不能只喊口号。高校爱国主义教育的内涵在本着本质不动摇的基础上，还应该继续丰富和发扬。

在高校的政治教育中，尤其需要强调对以下几个问题的认识和处理。一是高校应该培养大学生过硬的政治素养，使大学生能够在风云变幻的时代学会选择，明辨是非，提高政治素质和关心政治的自觉性。二是提高大学生的政治参与度，使大学生在政治实践中积累经验，树立正确的政治观念，做关心政治，推进政治文明的生力军。三是推进民主政治建设。高校需要民主，民主的基础就是提高大学生的政治素质和文化素质。

（二）思想教育

思想道德教育是思政教育的直接环节，是进行思想道德理论教育，培育思想道德能力，形成思想道德素质的活动。新媒体背景下，高校思政教育表现在思想层面上的挑战主要是主流世界观、人生观、价值观和道德观的弱化。在社会经济成分、组织形式、就业方式、利益关系和分配方式日益多样化的同时，人们思想活动的独立性、选择性、多变性和差异性也日益增强，社会思想空前活跃，各种思想观念相互交织，各种思潮不断涌现。郭淑敏在《北京地区大学生信仰现状调查分析》中对 861 位大学生抽样调查显示：信仰个人奋斗的比例明显增加，高达 40.88%，信仰宗教的学生占 24.7%，有 25.93% 的学生认为有无信仰“无所谓”。高校思政教育思想道德层面的工作任务，就是要帮助学生树立正确的世界观、人生观、价值观和道德观。

1. 世界观教育

世界观是人们对整个世界的总体的和根本的认识。它是人们对世界本质、人与周围世界的关系、人在世界中的地位和生存价值等一系列基本观点的总和，是人们在实践中对世界本质问题探索的思想结晶。马克思主义世界观是思政教育的核心内容，马克思主义世界观教育主要包括辩证唯物主义教育、马克思主义认识论教育和历史唯物主义教育。第一，辩证唯物主义教育。进行辩证唯物主义教育，最主要的就是要帮助学生正确认识物质和意识的关系，坚持一切从实际出发、实事求是的辩证唯物主义原则，树立辩证唯物主义的基本观点，从而提高人们认识世界和改造世界的能力。第二，马克思主义认识论教育。进行马克思主义认识论教育，最主要的是教育和引导人们在社会主义现代化建设和改革开放的实践中，用好解放思想这个法宝，自觉坚持实事求是的思想路线，做到一切从实际出发，实事求是，理论联系实际，在实践中检验真理和发展真理，使主观认识和客观实践保持具体的、历史的统一。第三，历史唯物主义教育。进行历史唯物主义教育，最主要的是教育和引导学生掌握社会发展的基本规律，坚定社会主义、共产主义信念，积极投身社会主义现代化事业；学会运用历史唯物主义的观点与方法正确分析和看待历史事件、历史人物和各种社会现象；特别是要掌握社会存在与社会意识的辩证关系这一根本原理，重视意识形态领域的工作和斗争，自觉坚守社会主义意识形态阵地；树立群众观点，尊重群众、相信群众、依靠群众，永远和人民群众紧密联系在一起。

2. 人生观教育

理想是与奋斗目标相联系的有实现可能的信念和追求。人生理想具有层次性，一般可以分为阶段性理想和最高理想。理想教育有利于防止商品交换原则侵入人与人之间的关系和党的政治生活，有利于抵制和克服以利己主义为核心的资产阶级腐朽人生观的侵蚀和影响，能够帮助人们在复杂的社会环境中始终保持正确的人生方向。在人生理想教育中，要注意层次性。①人生目的教育。以全心全意为人民服务为人生目的，是无产阶级人生观即共产主义人生观的重要特征，是共产主义人生观的核心，也是共产主义人生观与剥削阶级人生观的根本区别。②人生价值教育。人生价值问题是人生观的核心问题。人生价值是一个人活着的意义，是指一个人的一生对社会和他人所具有的作用和意义。人生价值观教育主要包括以下三个方面的内容：第一，人生价值目标教育；第二，人生价值评价教育；第三，人生社会责任教育。人生态度、教育态度是人们对某一对象所持有的评价和行为倾向，它由认知、情感和倾向三个基本要素组成。人生态度就是人们对人生问题所持有的较为稳定的评价和倾向。

思想的理论教育在全世界都是普遍重视的一种教育模式，它对帮助学生熟悉了解必要的知识和规范是十分重要的。高校思政教育的内容也必须加强思想教育。高校思想教育的目的应该是：使大学生通过相关知识的掌握，进而提高思想的判断能力，提高思想素质水平。因此，学校教育必须重视调动大学生的主体意识，帮助大学生在思想相关问题上，能够明辨是非、申明态度、选择立场、决定取舍。

思想道德教育是思政教育系统中重要的环节，是我们相对比较熟悉的环节，也应该是最有创新、有所突破的环节。高校要结合学校实际，创造性地进行教育。

（三）道德教育

道德教育就是对大学生在活动过程中的道德观念、道德行为、道德评价进行正确的引导和规范。道德教育是根据社会发展的要求以及道德教育对象的实际而确定的。它不仅能反映道德教育的性质，而且是实现道德教育目标与任务的重要保证。在新媒体背景下，随着网络技术的发展，人的个体能力和人们在一起的群体感受将超越国家和地区等地理性因素的限制而达到全新的水平。因此，新媒体环境下，道德教育的内容必然反映网络社会的特殊要求。高校的道德教育应该具有层次性。由于高校有四年制或三年制，历时比较长，根据大学生不同发展阶段的心理、生理特点，针对不同年级的大学生应该提出不同的道德教育要求。大学一年级主要进行集体主义教育。集体主义教育就是按照社会主义精神文明建设的要求，拥有团队意识。团结、友爱、互相关心、互相照顾、遵守纪律、热爱集体、合作学习、助人为乐等，都是集体主义精神的具体体现。大学二年级、三年级可以进行社会公德教育。社会公德是指人们在社会交往和公共生活中应该遵守的行为准则，是维护社会成员之间最基本的社会关系秩序、保证社会和谐稳定的最起码的道德要求。这一阶段的大学生或多或少地参与了社会生活，对社会生活有了初步的认知，所以在大学生踏入社会之初进行社会公德教育就显得十分必要。大学四年级可以进行职业道德教育。职业道德包括爱岗敬业、诚实守信、办事公道、服务群众、奉献社会、素质修养等。大四的学生即将进入职业生活，所以在道德领域占领先机尤为重要。

网络道德教育应该贯穿高校整个思政教育过程。网络道德教育首先应该引导大学生培养网络道德意识，道德是人类理性的表现，是灌输、教育和培养的结果。新媒体环境下道德教育同样如此。其次，教育大学生讲究网络礼仪。其中包括问候礼仪、语言礼仪、交往方式礼仪等方面。要求大学生遵守新媒体环境下的道德规范。网络道德的原则就是诚信、安全、公开、公平、公正、互助。

（四）素质教育

素质教育是以全面提高大学生的基本素质为目的，尊重大学生的主体性和主动精神，着重开发大学生的审美、智慧和创新潜能。这些内容相互衔接，共同构成高校网络思政教育的概念体系。

素质教育是指一种以提高受教育者诸方面素质为目标的教育模式。它重视人的思想道德素质、能力培养、个性发展、身体健康、心理健康教育。素质教育是育人中的基本教育，是培养人全面发展过程中的重要环节。素质教育具有基础性、全面性、发展性和全体性的特点。在素质教育范畴内的思政教育同样与素质教育、能力培养密不可分。素质教育的有效功能是提高受教育者的科学文化素质，培养受教育者的科学思想。通过素质教育的间接功能可以树立受教育者的科学、理性、创新精神，增强思政教育的科学性，提升其吸引力、说服力，引导学生在学习掌握知识的基础上，逐步形成科学的世界观。正如沈壮海教授所指出的："经由知识而不囿于知识，这是思政教育与素质教育的基本关系定位。离开素质教育，思政教育便会缺少具有说服力、感召力的载体，缺乏实施的形式和条件，流为空洞的说教；止于素质教育，思政教育便会失去提升理想、铸塑信念的功能，从而失去自己存在的价值和意义。"

高校大学生的基本素质包含三大方面：一是专业知识素质；二是个人成长素质；三是职业发展素质。

教育家赫尔巴特在教育性教学中指出，世界上没有"无教育的教学"，也没有"无教学的教育"。专业知识素质的提高离不开科学文化知识和专业素质教育的提高，在进行这类素质教育的过程中，应该加之以潜移默化的思政教育的因素，注意挖掘其思政教育资源，使学生在学习科学文化知识的同时，加强思想道德修养，提高思想政治觉悟。另一部分是思想政治理论方面的素质教育，其中包括马克思主义基本理论素质教育、形势政策与政治素质教育、网络思想素质教育等内容。倡导大学生通过网络获得知识、开阔视野、正确使用网络、形成正确的网络观，既是网络教育的主要内容，也是网络道德教育的重要内容。

个人成长素质包含于自我发展和成长相关的专业教育、职业教育之中。高等教育的主要目标是培养具备专业技能的高级专业人才，使他们在毕业后能够胜任社会不同层次的岗位。但由于长期存在的把专业理论、专业技能的学习同思政教育的学习人为地分裂开来的习惯，使得高校思政教育在大学里不受大学生的欢迎和重视。与此同时，经常的、大量的与大学生专业学习相联系的思想问题和矛盾得不到解决。这一矛盾如果解决不好，危害将是相当严重的。因此，大学生思政教育的内容也要密切结合学生的专业选择、专业学习、专业素质的提高，从而培养全面发展的大学生。

职业发展素质教育内容主要包括诚信品质教育、敬业精神教育、合作精神教育、责任意识教育和法纪意识教育。人无信不立，诚实守信是中华民族千百年来传承的美德，是为人处世的基本准则和立足点。教育、培养和提高诚实守信、爱岗敬业、团结合作、遵纪守法、无私奉献的专业知识素质、个人成长素质和职业发展素质，是大学生步入社会、从事某项职业的前提和基础。在大学生思政教育过程中，思政教育工作者要注意因势利导，要注重大学生综合素质的全面提高。

第五章　新媒体视角下如何进行大学生思政教育的创新探索

第一节　新媒体视角下大学生思政教育创新的基本问题

新媒体为大学生思政教育提供了一个全新的平台，极大地丰富了思政教育的教育内容和手段，但同时也带来了许多的负面影响。因此，在这种环境下就必须进行大学生思政教育创新，与时俱进，不断消除新媒体给高校思政教育带来的负面影响，发挥积极作用，提高大学生思政教育的实效。

一、新媒体视角下大学生思政教育创新的必要性和可行性

（一）新媒体时代大学生思政教育创新的必要性

新媒体环境下，高校思政教育创新应以历史条件为基础，顺应时代的发展潮流，紧随时代的发展脚步，要不断优化教育的效果，促进大学生身心健康，丰富思政教育的内容。

1. 优化高校思政教育效果的需要

一直以来，我国高校思政教育都秉承着文化育人、活动育人和管理育人的教育理念，也一直采取印材料、做报告、面对面交谈的方式与学生进行交流和沟通。然而，这种模式存在一定的缺陷和不足，它的影响范围较小，不能实现广泛的传播，影响力和感召力弱。而新媒体的出现，这种局面被打破了，教育工作者可以利用新媒体进一步扩大教育的影响力，优化教育效果。

新媒体技术的有效应用能够显著提高思政教育和管理的工作效率。它能够为高校思政教育提供新的载体和平台，同时也能够极大地丰富思政教育的教育内容和手段。新媒体促进了教育双方的沟通和交流，教育工作者能够实时把握学生的思想动态，而学生也能实时把握思政教育的动态。此外，新媒体含有较高的技术储备量，能够较好地满足学生日益增

长的信息化需求，极大地增强了思政教育的趣味性，吸引了学生的注意力，提高了学生学习政治理论的热情和主动性，有利于提高教育的效果，促进学生全面发展。

2. 培养社会主义事业建设者和接班人的需要

青年是我国社会主义建设的中坚力量，而大学生作为青年群体中科学文化素养和思想道德素养较高的群体，更是肩负着社会建设和民族复兴的重担。可见，大学生的思想政治水平直接关系社会的发展、国家的进步。高校作为人才的摇篮，应将人才的培养放在教育工作的第一位，将培养具有中国特色的社会主义事业的建设者以及接班人作为我国高校思政教育的最根本任务。

当前，新媒体已在高校中占据了重要的地位，在大学生的成长和发展中也显示着日益重要的作用。因此，高校思政教育工作者应有效地利用新媒体，开辟思政教育新通道，创新思政教育的方法、手段，牢牢掌握网络话语权，引导高校大学生树立正确的人生导向，为社会培养更多品德高尚、具有创新能力以及创新意识的高素质人才。

3. 丰富和发展思政教育理论的需要

理论发展能够引导实践的发展，而实践的发展也能够促进理论的创新。如何将新媒体有效地引入高校思政教育，是现阶段高校思政教育工作面临的一个主要问题。目前，我国对有关新媒体思政教育的理论研究还不够深入，大部分只停留在网络思政教育的内涵、网络给思政教育带来的机遇与挑战、新媒体的特点等问题的研究和分析上。对于新媒体技术对思政教育产生的影响，以及新媒体环境下大学生的上网行为规律和心理特点研究较少，也较为浅显。此外，对新媒体思政教育的理论研究也缺乏整体性。不能从整体的角度看待新媒体时代下高校思政教育的发展，这不利于相关学科体系的建立，也给高校思政教育带来了一定的负面影响。而且，现阶段我国也没有深入地研究高校思政教育的理论与实践。社会是不断发展变化的，高校思政教育的内外环境也在时时发生变化，只有将理论与实践相结合，才能促进事物的发展。目前，相关的教育工作者虽对高校思政教育进行了一些理论方面的研究，却没有注重理论与实践的结合，对高校思政教育工作缺乏时效性研究。

（二）新媒体时代大学生思政教育创新的可行性

现阶段，国家十分重视新媒体下的高校思政教育的发展，目前思政教育工作者也越来越能够熟练运用新媒体技术，这些都为高校思政教育创新提供了可行性。

1. 新媒体时代高校思政教育的地位和作用日益凸显

当今，新媒体已经占据了大学生生活和学习的很大一部分，深刻地影响着学生的思维和行为方式，塑造和改变着大学生的世界观、人生观和价值观。同时，新媒体下的高校思政教育突破了传统思政教育模式中的种种限制和不足，受到了各高校的青睐，已经成了高校思政教育的新载体。新媒体时代下，高校思政教育开辟了新的通道，搭建了新的教育平台，扩大了教育的范围，也延伸了教育的深度，有效促进了高校思政教育的纵横发展。高校思政教育对我国大学生起到了积极的引导作用，它引导大学生树立远大的理想信念，鼓励大学生坚定奋斗目标，并为之不懈努力。同时，也对高校大学生的行为进行规范，增强了学生的民主意识，使高校大学生更加明白自己肩负的责任和重担。此外，新媒体技术还为思政教育主客体之间搭建了一个沟通交流的桥梁，促进了师生之间的交流和沟通，提高了高校思政教育水平。

2. 符合大学生的认知规律和心理需求

新媒体环境下，网络思政教育有着传统教育模式无法比拟的优势。当今大学生自主性较强，在生活和学习的方方面面都体现着极强的主体意识，对自己的学习和生活有明确态度和规划，对事物也有一定的判断和甄别能力，而网络思政教育就符合大学生的这一心理特征和心理需求。通过网络思政教育，大学生可以自由选择和提取需要的信息，自行系统、科学地分析和判断网络中纷繁复杂的信息，从而提高自我支配能力以及控制能力，将教师输出的教育信息主动地转化为自身信念，并使其外化为行动。

网络思政教育有效地调动了大学生参与教学的主动性。在网络思政教育过程中，学生不再是被动的接受者，而是可以主动汲取网络思政教育内容，认清自身实际情况与社会需求之间的差距，激发自己的潜能，发挥自己的能力，提高自己解决困难的能力，自觉抵制消极因素的影响。

在互联网上，人们之间的交往更加自由而直接，大学生可以选择微博、博客等各种网上交友途径进行交友。这种网络交友打破了时空的局限，其具有的匿名性特征，使大学生可以吐露心声，畅所欲言，可以满足不同学生的心理需要。

3. 高校思政教育工作者积极响应

现今，大部分高校思政教育工作者的政治理论基础较为扎实，有着较高的心理素质和思想道德素质。同时也能够较为熟练地操作网络工具，具备一定的科研创新能力。

高校思政教育工作者越来越重视新媒体相关知识的学习和研究，在课余时间积极参加各种网络知识讲座、培训班等，不断提高应用新媒体技术的能力，主动阅读媒体技术相关的杂志、新闻，注意研究网络思政教育的形式、特点、方法等相关内容。此外，高校思政教育工作者始终坚定自己的马克思主义信仰，不断培养和提高自己的政治鉴别力和政治敏锐力，抵御国内消极思想以及西方思潮的不良影响，有效地做好大学生思政教育工作。同时，高校思政教育工作者运用新媒体创新思政教育的能力越来越强，在教学实践中创新思政教育的形式，不断总结新经验，改进教学方法，不断充实思政教育的内容，不断创新网络思政教育的理论。

二、新媒体视角下大学生思政教育创新的规律和理论依据

根据大学生的特点以及成长成才规律，从前辈教育家、哲学家的优秀教育理念和理论研究入手，笔者发现，新媒体视角下高校思政教育工作的创新其实是一个与时俱进、自然而然、适应人类自身发展的过程。

（一）大学生的特点与成长成才规律

大学生正处于身心发展的关键时期，年轻有活力、素质高，有强烈的探索欲，上进心强，是当今社会最为活跃的一个群体。他们享受着丰富的物质文化和精神文化，但也承担着来自社会和家庭方面的巨大压力。我们要全面探索和研究大学生的成长成才规律以及大学生的思想特点，以便更好地促进大学生的成长和发展。

1. 当代大学生的主要思想特点

（1）思想主流积极向上。大学生普遍具有较为强烈的政治意识和爱国意识，他们时时刻刻关注着国家大事。大学生不会被有限的圈子束缚，他们期望跳出围墙去探索外面的世界，他们拥有极强的政治认同感，有着强烈的社会责任感和爱国热情。港澳回归时，他们欢呼；申奥成功时，他们喝彩；汶川大地震时，他们奉献爱心。我国大学生时刻关注着国家的大事小事，并用实际行动证明着自己对国家和人民的热爱，为国家的发展和繁荣奉献出自己的力量。

（2）拥有较高的社会责任感以及道德素质，但也受到不良社会风气的影响。我国大学生积极向上，通过自己的不懈努力去实现梦想和人生价值。他们有着较高的思想道德素质，自觉遵守社会公德，在为人处世上表现出较好的人格品行。

（3）逐渐改变思想观念，但受中国传统思想的影响仍根深蒂固。改革开放以来，社会思想已经有了极大的改变和丰富，当代大学生普遍对民主法治、自由平等、公平竞争等先进的价值观念和思想观点的吸收和接受度较高。虽然，现今我国大学生已经能够实现与世界的快速接轨，但中国传统思想在大学生中的影响仍是根深蒂固的，他们既继承了我国传统思想的积极部分，也继承了其中的消极部分。

（4）大学生社会认知比较正确、全面，但是具体行为经常与认知相脱节。大学生有着崇高的个人理想与社会理想，也时常会出现理想与现实不符的状况，而这种理想与现实的差异极有可能导致大学生产生巨大的心理落差，因此萎靡不振，失去目标和动力，为了

追求所谓的成功而选择错误的途径，追求所谓的“实惠”。比如，大学生是非观强烈，道德认知水平较高，能够客观地看待一件事。但是，一旦自己成为当事人，他们往往会失去客观的看法和态度，一味地追求自己的利益，行为失去准则。

2. 当代大学生的成长成才规律

当代大学生的成长成才规律主要表现在以下几个方面：

（1）要适应独立于社会的起始阶段。当代大学生承受着来自社会和家庭的压力，精力全部放在了学习和书本上。在进入大学以前，读好大学、好专业，取得高考好成绩是大学生学习的最主要、最直接的目标，就算是关心时事也是考试答题需要。而在迈入高校之后，这一切都发生了彻底的改变。大学生离开家进入社会，以往家长和班主任的高压已经不在，所有的一切都必须自己负责、自己承担、自己处理。他们面临的问题就是如何为人处世，如何规划自己的未来。学校是学习和交流的地方，同时它也是一个小型的社会，也影射了社会中的某些方面和某些现象。在进入这个小型社会后，一些学生会感到无所适从，尤其是以前过于依赖家庭的学生就会茫然失措，难以适应新的生活环境。在这种情况下，学校要加强对学生的引导，帮助他们适应学校生活，培养其主体意识和独立精神，引导大学生逐渐走向成熟。

（2）要适应大学的学习生活。大学生在进入高校之前，生活的大小事都由家长打理，自己基本没有自立自主过，而进入大学之后，大学生就必须脱离家庭的温床，自立自主。这对于刚刚迈出家门的大学生而言无疑是困难的，他们遇事很难抓住对的时机，做出对的决定。我国高校思政教育课程如何确定培养目标才能够实现自身的进一步发展，是相关教育工作者必须考虑的问题。想要解决上述问题，高校思政教育课程就必须充分挖掘学生的自觉性、主动性，使学生的努力方向与人才培养方向保持一致，这样才能实现高校思政教育的人才培养目标。也正是因为这样，教育工作者需要和大学生共同去探求大学是什么，以及如何确定自己的奋斗目标、如何规划自己的生活和学习等，要在潜移默化中培养学生的学习和思考能力。

（3）要实现从感性到理性的提升。大学生接触的政治理论较多，自接触书本知识以来也学过不少有关社会主义的哲学、政治经济学知识，然而，他们所学习的这些知识很大程度上只是为了应付考试。而高校思政教育采取这种教育模式，将很容易使学生产生对相关理论抵触的心理，不能够正确对待和认识有关理论。当代大学生相比父母辈来说，在生活和学习环境上都有了极大的改善，就像一朵“温室里的花朵”，在经历现实的风吹雨打、暴晒雨淋时，大学生应当将其面临的诸多问题逐步上升到理性的高度，并寻找其中的规律。此外还应当对其予以科学的引导，使他们学会思考、学会回答，一步一步走向成熟。

（二）理论依据

1. 马克思主义关于人的全面发展理论

马克思主义是从现实的个人出发来关注人的全面发展的，并且从不同侧面研究了人的全面发展的丰富内涵，具有极强的指导作用。

（1）人的全面发展理论内涵

① 个人能力（包括体力和智力）的充分自由发展。马克思认为个人能力是形成其他活动的物质基础，是一种历史性的社会实践活动。正因为如此，只有通过不断的社会实践，提高生产力，才能进一步丰富和充实人们之间的人际关系，使人的体能和智能得到充分的发挥。

② 人的才能的多方面发展。马克思和恩格斯认为，一个人只有充分挖掘并发挥了自己的才能，才能在社会中占据重要地位。然而，现实总是会限制人的才能的发挥，阻碍人的自由发展程度。这主要体现在社会条件制约和自然环境制约两个方面。人只有处于充分的发展条件下，才能得到充分发展。因此，为了使每个人都能够自由发展本性，就必须为其培育和创造良好的生活条件。

③ 人的社会关系的丰富和发展。人具有社会属性和自然属性双重属性。自然属性，主要是指经历了长期的自然界发展后，形成了人类；社会属性，则是指人是社会发展的产物。马克思认为，人的全面发展与社会关系的发展具有本质上的联系。我们应当抛弃不平等的社会关系，冲破束缚人全面发展的围墙，为人的能力发展营造更为广阔和自由的空间。

④ 个人与社会的协调发展。人得以全面发展的一个重要前提就是个人同社会协调发展。个人的发展与社会的发展是相协调的，并不是孤立存在的。只有在社会发展的基础上，个人才能实现发展，而个人的发展也能对社会的发展起到促进和推动作用。一方面，人的活动和人的关系共同构成了社会，社会不能脱离个人的发展而实现发展；另一方面，社会的发展是个人发展的基础，社会发展为个人发展提供了必要条件。由此可见，个人与社会应和谐统一，以实现个人和社会的共同发展。

（2）人的全面发展是大学生思政教育追求的目标

① 马克思主义从“现实的个人”出发来探讨人的全面发展。马克思认为，无论是哪一种社会形式都是人们交互活动的产物，“历史不过是追求自己目的的人的活动而已”。因此，我们要积极主动地开展思政教育工作，朝着高校思政教育的目标不断前进，促进大学生自由、全面的发展。

② 大学生思政教育对大学生全面发展有促进作用。大学生思政教育是全面发展教育

中的重要一环，它关系整个人类的发展方向，在人的自由和全面发展中起着促进和导向作用。当前国际形势不断发展变化，国际新情况不断涌现。尤其是在经济建设过程中，我国所体现出的社会化、工业化和信息化的发展趋势，要求我国高校必须整合思政教育，促进大学生的全面发展要充分借鉴和运用新媒体条件下的各种新型教育资源及方式，坚持德育为先、育人为本、全面发展、能力为重，不断提升大学生的社会责任感以及解决问题的实践能力。

2. 杜威的“教育即生活”理论

在借鉴20世纪初约翰·杜威（哲学家、教育家）教育思想中积极先进成分的基础上，系统地阐述我国思政教育在新媒体背景下的发展方向具有非常重要的意义。

（1）主要思想观点

①“教育即生活。”杜威认为，真正的教育在于教育历程，也就是人的天性、本能、兴趣和冲动等。他不赞同呆板的、外插式的教育，认为教育不应为将来的生活做准备。并且认为不应将教育目的作为控制教育的观点，因为不利于个人能力和个性发展。

②“学校即社会。”杜威提出了“学校即社会”的说法。他认为学校是一种社会组织，是社会生活形式的一种，因此，应将校内学习同校外学习紧密联系起来，同社会组织紧密联系起来。也就是说，我国高校应具有社会组织的特点，并发展成为新型的社会机构。

③“以学生为中心。”杜威极力否定思政教育中以教师为主的传统教育模式，认为传统的教育模式是简单的知识灌输，不利于调动学生的学习兴趣和积极性。

（2）对新媒体视角下大学生思政教育的借鉴意义

杜威教育哲学的意义现今仍充满了智慧以及思想之光，借鉴、吸收其教育思想，有利于我国高校思政教育工作在新媒体时代的开展。

①借助新媒体信息平台，实现思政教育内容社会化。杜威认为，只有在社会大环境中，知识才能具有教育性。也就是说，教育内容只有与现实生活进行有机结合，并且只有在教育理论与生活理论结合在一起的情况下，学生才能真正获得知识、学到知识，才能实现自身发展，并进而形成自身的价值观。然而，就这方面来看，我国大学生思政教育的教材大多数都将理论孤立出来，并未实现理论与实践的统一；在教学过程中，假使教师采用传统的教学方法进行授课，那么将会极大地遏制学生的主动性和积极性。此外，大学生思政教育工作者在日常的工作中应当积极接触并熟练掌握新媒体手段，广泛收集第一手信息资料，培养良好的媒介素养，并在此基础上增进与学生的沟通和交流，增强大学生思政教育的感染力。

②更新思想观念，强调学生的主体地位。在传统的教育活动中，教师通常都处于绝

对的主导地位，而学生在这一学习过程中则处于被动地位，这样不利于引导大学生形成自己的观点和看法，也不能较好地满足大学生对思政教育的需求，也不利于大学生思政教育效率的进一步提高。正因为如此，在新媒体时代下大学生思政教育应当积极转变思想观念，与时俱进，突出强调大学生的主体地位，通过多种新媒体手段为大学生打造一个自由平等、真诚互信的平台，不断增进学生之间、学生与教育工作者之间的沟通和交流，锻炼和提高大学生的思维能力和学习能力，进一步提高我国高校思政教育的实效性。

3. 高校思政教育理论

高校办学的主要目的在于为社会进步、国家发展培养有用人才，这决定了新时期高校思政教育工作应坚持以育人为本、德育为先，要以实现大学生全面发展为主要目标。特别是在新媒体环境下，大学生思政教育仍然要遵循高校思政教育的要求，与时俱进、开拓创新。

（1）高校思政教育的定位与取向

① 以培养社会主义事业的建设者和接班人为立足点，同时要充分体现高校大学生的主体地位以及以人为本的教育思想理念。大学生是一个国家的宝贵财富，是一个国家和民族发展的未来。现阶段，我国高校思政教育的目标定位最主要的依据就是使大学生成长为中国特色社会主义事业的合格建设者和可靠接班人。社会主义社会以人为本，是人得以全面发展的社会，特别是进入新媒体时代，要充分重视和体现大学生的主体地位；要对大学生的心理进行全方位、深入的了解和分析，并在此基础上对高校思政教育的目标进行定位，有针对性、目的性地设计教育活动和组织活动，潜移默化地对大学生进行思政教育，逐步提高大学生的思政教育水平。因此，要充分体现大学生的差异性，要以提高大学生的综合素质为重点教育目标，充分开发和挖掘大学生的能力和潜力，凸显大学生个人个性优势，并逐步形成一种高尚的、独立的品格。

② 要以增强大学生的国家意识和民族意识为立足点。我国高校思政教育要培养大学生强烈的民族意识，要帮助大学生树立实现中华民族伟大复兴的信念理想；弘扬中华传统美德和优秀传统文化；展开有关爱国主义、我国基本国情的知识内容讲解，使大学生谨记要时刻以国家利益为先，自觉维护国家利益和民族利益。此外，我们也要认识到，在经济全球化以及新媒体的时代背景下，高校思政教育应当一方面加强大学生的基本国情教育，另一方面加强国际经济形势和政策方面的教育。培养大学生的国际意识和全球视野，既要积极学习西方思想文化中的积极成分，又要坚决抵御西方思想文化中的消极、腐朽部分，从而促进我国民族经济文化的进一步发展，实现中华民族的伟大复兴。

③ 要将主流意识形态和政治素质作为发展的首要目标，注重大学生的全面成长和发展。在现今信息化时代，各种思想和文化思潮不断进行碰撞和交融，在这种环境下，必须

有科学的思想理论才能有效指导大学生的培养方向，同时还要借助新媒体的力量来实现对大学生的针对性引导。然而，进一步完善政治素养也不是高校思政教育目标定位的唯一内容，而是将推进素质教育同我国高校大学生的思政教育工作有机结合，推进高校思政教育向纵深发展。

（2）高校思政教育的任务与特点。2004 年，国务院发布《关于进一步加强和改进大学生思政教育的意见》,该意见进一步明确了我国高校思政教育的主要任务,具体内容如下:

① 在高校思政教育中，要坚持以理想信念教育为核心。要用社会主义指导思想武装大学生，使大学生更加了解党的路线、纲领、理论以及经验，对大学生展开历史、形势政策以及基本国情方面的教育，实现科学发展观教育，帮助大学生全面了解和思考中国共产党以及我国的命运和前途，了解和掌握社会的发展规律。

② 高校思政教育要对大学生潜移默化地进行民族精神培养。要弘扬我国的优秀文化和民族传统，进行中国革命传统方面的教育，培养和树立大学生的民族自豪感和自信心。教育工作者要将时代精神与民族精神融合起来，使大学生时刻保持艰苦奋斗、昂扬向上的工作作风和精神状态。

③ 高校思政教育要对公民进行道德教育。教育工作者要对学生进行爱国守法、明礼诚信方面的道德教育，进一步提高大学生的道德水平。要鼓励和引导大学生主动融入社会实践活动。修订完善大学生行为准则，引导大学生逐步培养成良好的文明行为和道德品质。

④ 高校思政教育要对大学生进行素质教育和民主法制教育，培养增强遵纪守法观念，使大学生成为“四有”人才，成为社会主义事业的有力建设者和可靠接班人。

4. 需要理论

对于大学生思政教育来讲，以需要理论为基础，全面把握新媒体视角下的大学生思政教育的关键点，找准着力点，可以有效地利用新媒体手段将大学生思政教育化为思想交流、坚定信念的保障。

（1）大学生思政教育以需要理论为前提。马斯洛需要理论将需要划分为生理需要、安全需要、社交需要、尊重需要及自我实现需要等层次，五种需要是按照一定的层级递进的，只有在低层次需要得到满足以后，更高层次需要才会出现。然而需要理论为大学生思政教育提供了解决问题的方法，根据大学生需要差异，可以更好地了解大学生行为及需要之间的联系，揭示大学生需要动因。

（2）主动了解大学生的需要结构。人的需要是随着社会的发展而不断变化的，在新媒体时代，要求与时俱进地把握学生需要的时代脉搏，认真解读大学生的需要，可以更好地个性化地开展大学生思政教育，构建起平等、互动、活泼的师生关系。

一是主动适应国际发展新环境，了解国际多元文化思潮的动态，把握国际发展环境特征，了解大学生国际化需要，主动适应国际发展新环境，运用新媒体丰富思政教育内容；二是利用新媒体，对大学生的需要趋势进行预测，掌握大学生的心理倾向，直接避免大学生思政教育需求难以满足的问题；三是新媒体视角下大学生思政教育要树立新标杆，制定思政教育新标准，主动将思政教育与时代发展衔接起来，预测思政教育发展趋势；四是因需施教，推动大学生思政教育的个性化发展。新媒体视角下大学生思政教育，需要教师积极探索新的教学方法，以满足大学生的个性需要。

三、新媒体视角下大学生思政教育创新的主要原则

新媒体时代，高校思政教育是一项系统的、长期性的工作，需要遵循一定的原则，只有这样，思政教育才能够向更为健康的方向发展，达到预想的教育效果。

（一）教育目标隐蔽性与内容渗透性相统一的原则

新媒体时代，高校思政教育应当依托和通过新媒体平台逐渐渗透到其他活动中去，要坚持教育内容的渗透性与目标的隐蔽性有机统一。具体来说，就是高校要依托 QQ、微博等新媒体形式有目的性、计划性、针对性地熏陶学生，充分激发学生的兴趣热情和参与意识，使学生在无形中接受教育和感染。这要求高校思政教育工作者充分了解和运用新媒体手段，同时保持足够的耐心，在认真选取好核实好媒介与教育目标之后，隐蔽暗示、逐渐教育、逐步渗透。

（二）教育内容多元化与思想主导性相结合的原则

内容多元是指内容的丰富性、多样性，思想主导是指在社会中某种主流思想占据主导性地位。主导性是指某种现象和事物在多种现象或事物中占据主导地位，而这种现象或事物往往决定着其他所有现象或事物构成的整体系统的性质和走向。内容多元就是受主导思想的引领在思想主导的基础上存在与发展的，两者存在“主”与“次”“一”与“多”的关系。

世界文化发展的多样性和主导思想的一元性决定了内容多元与思想主导相结合的原则。不同的地域之间，其文化存在明显的差异，并且在同一地域之间也存在不同的思想观念和价值观。因此，高校思政教育创新是与文化的多元不相分离的。同样，主导思想也离不开多样文明的补充和支撑，高校思政教育也应当坚持内容多元与思想主导相结合的原则。

新媒体时代，信息内容多元化发展，高校思政教育创新应当一方面弘扬主流文化，另

一方面倡导文化的多元化。在传播社会主导思想和社会主流价值观的同时，又要主动吸收和借鉴国内外的先进经验和思想文化。教育工作者要坚持用马克思主义、毛泽东思想和中国特色社会主义理论占领高校教育阵地，在学生中普及社会道德规范，宣传社会主义法治，倡导社会主义核心价值观。此外，还应不断吸收先进的思想理念，更新传统的教育观念，关注和分析社会上存在的其他流派和思想，将其中积极正面的内容引用到高校思政教育中，丰富教育内容，形成在主导思想指引下的良性发展，为高校思政教育打下坚实牢固的基础。

（三）教育手段非强制性与过程长期性相统一的原则

鉴于当代大学生接受事物的特点和认知的规律，大学生思政教育应当运用感染、引导、熏陶等方式，循序渐进地向大学生传输思政教育的教育理念、教育目标，传输正确的行为方式和价值观念。并且，大学生思政教育工作者要熟悉当前流行的网络语言和网络交流习惯，这是一种语言交流形式，也是一种文化形式。如果能在思政教育过程中很好地理解并且运用这种文字形式和思维方式，就能拉近与学生的距离，深入学生内部，取得学生的信任，这有利于更好地开展思想教育活动。调查显示，在思想教育过程中，教育者接受教育的时间与效率是成正比的，接受教育的时长越长，教育效果越好，因此，教育工作者应时刻保持耐心和恒心。

（四）教育方式差异化与载体实用性相统一的原则

在新媒体时代背景下，大学生思政教育工作者应当采取思想政治方面的教育，一定要注重载体选择的实用性和适用性。新媒体的种类繁多，在思政教育中要分析学生的特点并根据不同的新媒体手段，选择适当的新媒体，营造良好的教育环境，这不仅有利于提高大学生的自主性和参与性，同时还有利于提高高校思政教育工作的实效性。

（五）积极防范与主动教育相结合的原则

新媒体有着传统媒体所无法比拟的优势，给人们的生活和学习带来了很多便利，但同时也带来了很多负面影响。新媒体时代，高校思政教育要正确看待新媒体，积极防范，趋利避害，防患于未然。新媒体是一把双刃剑，有好有坏，这决定了主动教育与积极防范相结合的原则。新媒体为我国高校思政教育提供了多样化的教育手段和教育形式，拓宽了大学生的知识来源途径，为大学生提供了更广阔的学习平台，激发了大学生的学习兴趣，拓宽了大学生的视野。但与此同时，我国正处于社会转型期，利益主体多元化，各种社会思潮、思想观点、价值观等相互并存，其中也不可避免地存在一些与中华民族传统道德相悖的内容，这些内容通过新媒体在大学生中扩散并造成影响。因此，新媒体时代下的大学生思政教育必须做到积极预防，充分发挥新媒体的积极作用。

具体而言，高校应当加强对校园网的依法管理，建立完善的信息监管体系，健全互联网道德约束机制，构筑安全防线。同时，要加强校园网站以及局域网的绿化建设，在网络上传播正面的思想文化，用积极、先进的文化成果占领校园网络阵地，弘扬主旋律，打造健康、有校园特色的有序的校园网站。同时，要加大校园网络建设的投入力度，购买先进的网络配套设施，培养专门的网站软件开发人员、建设管理人员。主动教育与积极防范相结合的原则要求我国高校做好网络服务工作和媒介素养教育。首先，高校应采取循循善诱的说服教育，增强大学生的法律意识，引导大学生认识新媒体的两面性，促进大学生对新媒体的良性使用。教育工作者应当进一步挖掘和利用新媒体的优势，全面开展网络道德教育，规范大学生的网上行为，用社会主义先进文化占领新媒体阵地，营造健康、文明、诚心的媒体文化氛围，把大学生的思想引导到正确的方向上来。其次，高校要加强校园网站服务功能的开发建设，构建完善的网上服务系统，从生活和学习上协助学生、引导学生，发表与学生学习和生活相关的文章和报道，从而实现高校大学生的全面健康发展。

第二节　新媒体视角下大学生思政教育创新的主要思路与对策

新媒体时代，大学生能够通过各种不同的途径完成思政教育，对于传统的思政教育来说是一个极为严峻的挑战，同时也使得当代大学生思政教育的创新变得更加紧迫。

一、新媒体视角下大学生思政教育内容结构的优化

（一）新媒体时代大学生思政教育内容结构优化的依据

在思政教育活动中，教育者通过一定的方式和手段，对受教育者传递的思想政治观念以及社会道德规范被称为思政教育内容。学界普遍认为，大学生思政教育的内容结构是由诸多内容构成的大学生思政教育体系，进而形成一定的体系结构。其中不同的内容发挥着或多或少的作用，占据着或主要或次要的地位，其基础是心理教育，重点是道德教育，先导为思想教育，而核心为政治教育。同时，另有学者在这一基础上加上了法纪教育，其中基础是道德教育，导向是政治教育，前提是心理教育，重点是法纪教育，而根本是思想教育，这五种内容融会贯通并形成合理而稳定的结构，将大学生思政教育的整体功能发挥至最大，获得最佳的教育效果。

1. 理论依据

新媒体时代，大学生思政教育面临着前所未有的考验和挑战，对思政教育的要求是，其结构与内容必须与时俱进、不断优化。其主要的理论依据是马克思主义系统结构理论。马克思主义系统观将宇宙间所有的事物都看作是相互作用、相互联系、相互影响的一个系统。并且，马克思与恩格斯还提出了物质层次理论，认为存在很多不同层次的物质结构，这些物质层可以无限小或无限大。马克思主义有关系统结构的理论，对新媒体时代下高校思政教育内容结构的优化产生了显著的影响，其启示主要有以下两个方面。

第一，要用联系和发展的观点看问题，要仔细考察和分析高校思政教育内容体系中的各个部分，深入研究如何采用以及通过怎样的方式结合才能使整体功能发挥至最大；要仔细考虑社会存在的发展，及时有效调整高校思政教育的内容结构，促进高校思政教育科学发展。

第二，对于新媒体时代大学生思政教育而言，物质结构层次对其的要求是，要对思政教育的内容进行科学的分层，进一步促进大学生思政教育内容构建合理。此外，还包括马克思主义关于社会存在与社会意识之间的关系原理，人的全面发展与本质的学说等。

2. 实践要求

不管在国内还是在国际上，新媒体视角下的大学生思政教育在实践领域都出现了新情况和新问题。

从技术方面而言，新媒体时代给大学生思政教育带来了许多优势和好处，但同时也对传统观念发起了挑战。对此，我们应该勇于承认和认清当前传统观念所存在的局限和弱点，敢于突破传统框架，勇于实践和创新，以进一步丰富大学生思政教育的内容。

（二）新媒体时代大学生思政教育内容结构优化的原则和要求

新媒体为大学生思政教育开辟了一片崭新的天地，同时也对大学生思政教育发起了严峻的挑战。传统思政教育观念不可摒弃，应与时俱进，根据实际情况和要求进行充实和重组。

1. 内容结构优化的原则

（1）整体与局部统一的原则。思政教育本身是由多个要素共同组成的复杂的动态系统，这些要素组成的各种形式就是思政教育的整体结构。至今，针对基本结构，学界给出的相关提法有“三要素论”和“四要素论”。“三要素论”主要包括教育环境、教育者和受教育者；“四要素论”则是环体、客体、介体以及主体等。不管是三要素、四要素，或是其他多种要素，它们始终都有一个共同点，那就是系统是一个由各个要素之间相互作用、相互影响而形成的统一整体，而在整体系统中还可分为多个子系统，也就是客体、评估、目标以及主体结构等。而整体与局部之间的关系为：整体是核心，但在某些时候，一致性并不在整体与局部优化之间必然存在，有时甚至有一定的不同步性与不均衡性存在。因此，我们必须坚持系统论中的整体性原理。新媒体时代大学生思政教育的内容结构优化，应在优化整合政治、法制、思想教育、道德等各个子系统的内容结构的同时，对每个子系统的内容体系进行不断补充和完善，并将其置于整个教育系统中进行综合考虑。

（2）层次性和针对性相统一的原则。大学生思政教育内容应与其目标对应起来，体现其层次性。第一，应针对同一个体的不同阶段，坚持共时性和历时性的结合，根据时代的特征适度调整当前教学内容。第二，应针对不同的群体，坚持先进性和广泛性的结合。

（3）理顺要素关系与质量提高相统一的原则。新媒体时代，在对待大学生思政教育内容结构优化的问题上，切不可舍本逐末。就其教育内容而言，要保证各项内容要素具有丰富的内涵，在内容体系结构中，应保持应有的地位和顺序。若是各个内容体系结构中的内容要素主次模糊、地位不明确，就会导致结构不合理。此外，在确保明确的主次和地位之后，却忽视了某些内容，也会导致内容体系的不完整性、结构的片面性和不合理性。而若只重点强调思政教育的主导作用，视野就会缩小。

2. 内容结构优化的要求

（1）内容结构的层次方面。在纵向结构方面，要坚持层次性和针对性相结合的原则；在横向结构方面，坚持主导性和全面性相结合的原则，克服单一化和简单化。

（2）内容选择方面。在内容选择上，要充分体现理论性与实践性相结合的方式，克服抽象、晦涩和僵化的方式。因此，在内容选择上必须注意以下两个方面的问题。

第一，做到“三贴近”，也就是说大学生思政教育内容结构优化应当贴近大学生实际、专业实际以及社会实际。

第二，要与大学生的生活相结合，也就是说大学生思政教育内容结构优化，要多多考虑处在成长发展关键时期的大学生的生活。

（三）新媒体时代大学生思政教育内容结构优化设计

新媒体时代大学生思政教育内容结构优化，必须遵循相关理论和原则的指导，积极调整优化方案，促进优化成效最大化。

1. 政治层面：以政治教育为核心，突出高校思政教育的主导性内容

大学生思政教育内容丰富，政治教育在其内容体系中占据主导地位。政治教育主要包括政治理想、方式、情感方法、观点等、其中理性信念教育是政治教育的主导教育。现今国内国际形势复杂，瞬息万变，当前大学生思政教育工作的主要任务是：对大学生进一步

强化爱国主义、集体主义以及社会主义教育，增强大学生的社会责任感和国家归属感。始终坚持党的基本理论、原则、路线与纲领以及真正的“讲政治”，前途由道路决定，方向同样由道路指明。大学生思政教育应以实践为基础，始终坚定自己的道路自信；应认清中国特色社会主义道路是实现社会主义现代化的必然选择，是共创美好生活的必经之路。通过对大学生展开有效的政治教育，使他们进一步了解社会发展规律，认清国家和社会的发展前景以及自己的社会责任，坚定实现中华民族伟大复兴的理想与信念。此外，还要引导大学生去追求更高的目标和理想，培养为目标而勇于拼搏的不懈斗志，树立伟大的共产主义理想与马克思主义的坚定信念。

2. 思想道德层面：自觉树立社会主义核心价值观，优化高校思政教育的基础性内容

行为规范教育是道德教育的主要内容。道德教育的主要目标是将道德规范内化，培养个人的道德情感，提高道德判断能力，致使道德行为养成并提高人的道德品质。思政教育进行的主要是方法论与世界观方面的教育，其中需要重点解决的问题是主观与客观相符的问题。

在全球经济一体化发展的大背景下，社会经济成分、利益关系以及组织形式都呈现出多样化的发展方向，而人们的思想活动也越来越具有差异性、多边性、独立性以及自主性。与此同时，社会思想更加活跃，各种新的思潮不断涌现，对当代大学生的思想造成了一定的影响和冲击。新媒体时代下，大学生思政教育应以大学生的实际思想状况为立足点和出发点，以社会主义核心价值观为引导，树立正确的人生观、价值观和世界观，以实现学习和工作的目标。

对于一个国家而言，核心价值观是极为重要的，它是核心价值体系的精髓，也是人们应始终遵守和追求的基本规范和价值理念。党在十六届六中全会以及党的十七大、十八大等会议上，均提出了与时俱进的社会主义核心价值观。

3. 文化层面：弘扬中国传统文化，融入世界文化，奠定思政教育的人文精神根基

新媒体时代是一个信息急速膨胀的时代，它给传统的人际关系带来了极大的冲击和挑战，若是没有把握好尺度，必会造成不良影响。从文化层面来分析，文化多样化的发展背景下，世界各国的传统文化都受到了一定的影响和挑战，也在一定程度上冲击了我国大学生思政教育工作的文化根基。马克思指出：“人类的历史是由自己来创造，但并不是任意为之的，同时也不是由自己选定条件来创造，而是在过去继承的、直接碰到的、既定的条件下创造的。”因此，新媒体时代大学生思政教育内容结构优化，必须大力弘扬我国思想道德教育的优良传统，积极吸收和借鉴国内外思政教育的优秀成果，坚持与时俱进，不断赋予其新的时代内容和民族文化特色，引导大学生树立人文精神和民族精神。

4. 技术层面：加强媒体素养教育，发挥高校思政教育内容结构的正能量

对新媒体时代大学生思政教育的内容结构进行优化时，需要持续不断地更新思政教育的内容，不断推进思政教育内容结构升级。社会和时代的发展和进步，以及科学技术水平的提高，无一不强调大学生思政教育的内容需要同步更新和发展。

马歇尔·麦克卢汉在《理解媒介》一书中提出：媒介文化将传播与文化凝结在一起，成为一个动力学过程，每一个人都包含在内。新媒体具有强大的辐射力，这种辐射力在人们的生存方式中无疑发挥着重要作用，影响着现代文化的塑造以及人们价值观念的形成。大学生网民数量大，他们的知识结构尚不完善，情感脆弱，阅读能力也有限，因此也缺乏良好的信息分辨能力，不能正确地解读网上纷杂错乱的信息，容易受到错误信息的诱导。新媒体时代下的大学生思政教育，要注重在教育中加强和培养大学生的媒体素养意识和观念，以进一步提高大学生思政教育的质量和效果。

媒体素养教育，是指正确指导大学生理解传媒信息，有针对性、选择性和目的性地选择媒体传播资源，培养大学生健康的媒介解读能力和批判能力，使受教育者在多元的媒体环境中充分整合和利用媒体资源，并且做到完善自我、参与社会发展。媒体素养教育是一种知识体系，也是一种思维方式和技能，是公民理应具备的一种素质。在大学生思想教育内容结构上，要积极整合资源，推进实施媒体素养教育工程。

新媒体时代，信息的传播和接收更加方便、快捷，这要求人们具备较为完善的知识结构以及更强的理性思维能力。实施媒体素养教育工程，有利于帮助学生正确客观地评价、理解和选择信息，避免不良和错误信息的诱导。通过在大学生中开展新媒体道德规范教育，不断增强大学生的法纪观念，提高大学生的道德素质水平，使他们成为正面信息的传播者，促进思想道德文明建设。

二、新媒体视角下大学生思政教育传播的优化

（一）大学生思政教育传播者形象的塑造

1. 增强大学生思政教育传播者的把关人意识

信息的传播总是会有一定的途径和渠道，会存在一个“进门”问题，也就衍生了“守门人”这一概念，也可称为“把关人”。它具体是指在大众传媒中可以决定什么性质的信息可被传播、传播多少以及怎样传播的人或机构。

高校思政教育传播者具有这一“把关人”的角色特点和职责特点。高校思政教育环境决定了信息传播的对象、目标以及功能，“把关人”这一角色意识是每一名传播者都必须

具备和坚守的，应当根据传播目标严格把关。首先，传播者同时也是一名接收者，也会面临各种各样的信息，这时传播者作为受众而存在，主要从受众的角度来审视这些尚未正式进入传播渠道的信息资料。也就是说，高校思政教育传播者在教育他人之前，也是一名受教育者。其次，传播者是一名守门者，传播者从海量信息中选择有益信息给大众，对接收的信息要进行严格的审视和比对，还要根据传播对象的不同做具体的更改和删减。最后，作为传播者，他们通过群体、组织以及人际等形式，讲授、发布等方式进行具体的信息传播活动。

新媒体环境下，作为高校思政教育的传播者，其“把关人”的功能和角色明显减弱，而在现实教育活动中，教育者仍应具有强烈的“把关人”意识，发挥“把关人”的作用。要不断加强自己对信息的处理能力，面对海量的信息要严加把控，设置关卡，按照有利于传播效果的意图进行加工，明确地对要经过传播渠道的信息表明态度。

2. 建立大学生思政教育传播者的合理知识结构

目前，许多高校思政教育者的专业背景各有不同，这也造成了他们在知识体系上各有侧重和偏向。但作为教育者、传播者，树立良好的传播者形象，提高信息源的可信度，很大程度上在于传播者的专业权威性，这就要注意以下几个方面。

第一，要具备扎实的马克思主义理论基础。只有全面掌握马克思主义理论，才能准确抓住大学生思政教育中存在的问题的本质，正确引导受传者。传播者只有提高自身理论修养，才能增强对信息的判断能力和反馈能力，提高信息的把控能力。

第二，要具备丰富的思政教育的专业知识。思政教育传播者只有掌握与现实相关的专业知识，才能体现出较高的业务能力和专业水准。

第三，要具有丰富的相关社会知识。实际上，高校大学生思政教育涉及教育学、伦理学、社会学、管理学、心理学以及法学等多门学科。而在实际工作中，涉猎如此多的专业并对这些学科进行整体高效的操纵和调配，是高校思政教育传播者很难做到的。从最理想的方面来考虑，自然要求教育者具备以思政教育学科为主的丰富的多学科知识。然而事实上，这只有在大学生思政教育的大环境和小环境都达到理想的状态下才能实现，如制度层面、人才培养层面以及社会认可层面等。就目前而言，教育者在自身社会和人生经验养成以及队伍建设的把关上，基本上还是能够具有丰富的“相关社会知识”的，因此，可以将其作为一个对高校思政教育发展过程中的过渡性要求。

3. 加强大学生思政教育传播者媒介素养的培养

媒介素养的概念主要包括能力模式、知识模式以及理解模式三个层面。能力模式，是指公民具有的获取信息、分析信息、评价信息以及传输信息的能力，信息的认知过程为其主要的侧重点；知识模式观点认为，媒介素养就是关于媒介如何对社会产生功能的知识体系，信息如何传输为其主要侧重点；理解模式的观点认为，媒介素养就是理解媒介信息在制造、生产和传递中受到技术、政治、经济和文化等力量的强制作用，信息的判断和理解能力是其主要侧重点。建设性地享用信息传播资源的能力，有利于利用媒介资源促进自我完善和发展，参与社会进步。主要包括受众利用媒介资源动机、对传媒的批判能力、使用媒介资源的态度与方式方法、利用媒介资源的有效程度等。

大学生思政教育传播者媒介素养的培养，是鉴于我国媒介技术快速发展的形势而提出的。不管是传统媒体还是新媒体，都无一不深刻影响着人类生活和社会发展。在媒体化时代，媒介素养成为每一名社会成员都必须具备的基本素养。作为传播者和教育者，提升媒介素养有利于提高业务能力和塑造传播者的形象。首先，教育者要主动学习媒介知识，增强使用媒介载体的能力，这是媒介素养最基本的要求。其次，还要学会正确地从传播媒介中获取有益信息，培养认识媒介和媒介信息的能力。

（二）大学生思政教育传播媒介的使用

1. 大学生思政教育利用新媒体的必然性

不同层面的受众，在媒介的选择上也有所不同。首先，大学生知识层次相对较高，对新事物的接受能力和敏感度较强，探索欲和好奇心重，对新媒体有着天生的好感。此外，高校提供给大学生的媒体相当有限，对媒体使用的时间以及对媒体类型的使用选择也都是有限度的。而在新媒体时代，大学生对信息来源的选择权得到了前所未有的增强，深刻地改变和影响着大学生的思想和行为方式。

当今新媒体形式上的具体呈现包括互联网媒体、手机媒体、移动媒体等其他数字信号传输介质。总而言之，新媒体的“新”总体表现在其传统电子媒介以及印刷媒介无法企及的大容量、交互式、高品质以及高速度等性能上。新媒体的信息来源更丰富，交互性和选择性强，能够满足受传者在传统媒介中无法满足的需求。任何新兴媒介，其核心技术都是通过数字化信息符号传播技术实现的。越来越多的交互式传播，使信息传播模式和人际传播模式被打破。

（1）每个人都可以进行信息传播，传播者不再局限于思政教育的组织或团体。电子传播和印刷品传播，其传播的通道与形态都是较为固定的，并且在传播的边际成本以及专业要求上也较高，传播者有绝对的控制权和垄断权。而数字化带来的网络化，以及网络化带来的交互性，使得传播者和受传者之间的身份轻易转化。现在，不管是谁都能通过短信、微博等，随时随地进行信息传播，这有效地打破了传统的话语权壁垒。

（2）高校思政教育的“把关人”能力被削弱，给大学生思政教育提出了严峻挑战。在数字语言中，一切影像、声音和文本都只是 0 和 1 的组合。在信息传播过程中，信息被编码、分段、压缩，进行传播，然后再组合、复原、解码，进行读取，这使得每一片段的传播意义被分解虚化。

进入新媒体时代，大学生思政教育的信息传播效果受到了极大的干扰。校园的信息使用和发布空间自由化，使得一些腐朽、落后、消极的思想文化在校园中不断渗透、扩散，各种违反社会公德的信息泛滥，各种不良信息得到大肆传播。并且，短信、网络论坛等具有极强的互动性和虚拟性，大学生可以在这一网络空间中隐藏自己的真实身份，这在一定程度上减弱了对大学生行为规范和道德的约束，一些人开始公开发表不当言论或传播不良信息。新媒体时代，信息传播迅速，传播途径复杂多样，教育管理者面对这种强大的网络化和信息化，很难有效取舍有益和不良信息，这在一定程度上削弱了高校思政教育工作者“把关人”的能力。

（3）新媒介使受众的主动性大大增强，大学生更多地参与和互动，推进高校思政教育事业的发展。新媒体环境下，大学生不再只是信息的被动接收者，他们拥有更为广阔的信息平台，可以自由获取信息、发表见解。这在一定程度上加强了学生与教育者之间的互动，学生在原有的思政教育体系平台的基础上参与性更高了。新媒体环境下，高校思政教育的传播者更多地从思政教育对象出发，思考采用何种标准和途径，以及如何选择和过滤信息的主动性和偏好，最大限度地呈现传送者的传播意图。

2. 大学生思政教育利用新媒体的重要性

（1）新媒体环境下要求教育者转变教育观念。正确认识新媒体的传播特点，牢牢把握大学生思政教育的规律。面对不同的载体、形式以及不同的沟通交流方式，在多媒体技术的使用上，大学生表现出多样化的偏好和倾向。要牢牢把握和发挥新媒体的特性和优势，致力于新媒体为大学生思政教育创造更多效能，推进新形势下大学生思政教育的创新发展。

新媒体时代，大学生思政教育者应把握多元化沟通交流需求，正确认识和利用新媒体，以新媒体技术不断推进大学生思政教育工作的丰富和完善。通常来说，了解学生的需求、愿望是每一名教育者必须做到的，教育者应在对学生了解的基础上转变教育观念，不断丰富教育内容，创新教育载体，使教育真正符合学生的行为特征和习惯。要加强与学生的交流，通过 QQ、短信、微信、微博等全面了解学生的思想动态，关注学生对时事的态度。

（2）利用新媒体，增强受传者对大学生思政教育传播者的信任感，进而提高传播效果。总的来说，传播者的形象直接影响信息的传播效果，一名传播者的形象越好，越容易被社会大众认可，则信源的可信度就越高，传播效果也会更好。现今，在大学生思政教育中一个比较普遍的问题就是，传播者与受传者之间始终存在情感阻碍。新媒体环境下，人们之间的沟通和交流有很强的私密性、隐蔽性和双向性，人们不用面对面地交流，极大地消除了交流存在的障碍。在这种环境下，若要真正获知学生的信息，了解学生的思想动态，就必须以主客体平等的心态，加强与学生之间的沟通交流，增强师生之间的信任感。

（三）大学生思政教育传播对象的培育

1. 重视意见领袖的作用

意见领袖，是指在人际互动和信息传递中少数不经选举且无名号，有影响力、有活动力的人。这些人是人际传播中的信息传递者，是信息传播中的评论员、中介者，是组织传播中的过滤器。"意见领袖"一词最早出现在美国传播学者拉扎斯菲尔德等人的《人民的选择》（1944）一书中。观念从大众媒介流向意见领袖，然后由意见领袖告诉不太活跃的部分。

意见领袖及其影响力主要由五个要素组成：第一，价值。意见领袖常常是追随者心目中某种价值的化身。第二，信源。意见领袖能更多地接触传播媒介的内容，信息来源广泛。第三，知识面。意见领袖有较强的认识能力、分析能力和解释能力，知识面广。第四，责任意识。意见领袖关注团体或组织中成员的个人利益，受到成员的信任。第五，人际交往。意见领袖具有良好的社会活动能力，有较好的人际关系网络。

意见领袖的中介功能主要表现在对信息的扩散与传播、协调与干扰、加工与解释、支配和引导。大学生是在高校所组成的团体中生活，大学生中的意见领袖常常就介于普通学生和教育传播者之间，因此，在高校思政教育中必须重视意见领袖的作用。

高校学生中的意见领袖与学生干部有很大的不同，他们与周围人并没有什么利害关系，是较为熟悉学生群体的人。意见领袖并非选举得出，而是在自己的圈子中经过一定的相处后，受到其他学生认可、钦佩后自然而然产生的，他们往往是学生的榜样和标杆。他们往往有某种他人不具有的能力，交往面广，态度亲和，有人格魅力。

大学生思政教育必须重视意见领袖的作用，正确认识意见领袖在教育传播中所发挥的影响力。此外，教育者也应加强与意见领袖的交流和沟通，拉近与意见领袖的距离，建立亲近的情感关系。这有利于引导意见领袖接受教育者的观点，再用他们的影响力影响周围的其他人。与此同时，高校也要做好信息公开工作，为学生提供真实的、具有参考性的信息，让学生更加了解信息真相，形成最直观的感受、思考与评价。最后，要积极宣扬和推广意见领袖的正面引导和榜样作用，使正面教育的原则在高校思政教育中能够得到贯彻。

2. 注意顺从效果的利用

顺从效果，是说服传播中一种集体的说服影响。事实上，在现实生活中，许多人的某些个体行为并非出自个人决定，而是受内在化的“群体”即群体规范的影响。大部分在小团体和组织中交织的传播信息都表达出价值观、信念及一般在小团体或组织中的目的。在一段时间后，这些个别的表达都被编成一组共同的价值观、信念以及目标，建立起为个别团体成员能接受的行为规范，以维持共同活动以及关系状态的稳定。通常，许多人都会选择顺从，这是由于来自集体或成员的压力使得他们接纳这些规范。这种态度统一的压力和行为一致的压力导致“顺从”，即团体之中的可作为实际的或能理解的团体压力，能够改变态度、信念或行为的功能，因而产生顺从效果。

可从生活实际中观察得到，同宿舍的同学之间往往在课外活动、生活作风以及学习成绩上表现出很高的一致性。这就是个人行为精神依托点的团体所产生的行为准则、观念和价值的内在化，表现出了在宿舍中某些内化的规范。在传播活动中，传播者可以利用和采取措施合理利用这种“顺从”心理，引导事物发展的方向，为实现传播目的服务。在高校思政教育过程中，重视宿舍、班级和社团建设，增强团队的凝聚力，营造良好的宿舍、班级和社团氛围，引导成员向积极的方向发展。

3. 避免逆反心理的产生

受众的逆反心理，是指受众由于受某种原有立场、思维定式的影响，而产生的与传播者的传播意图相反的心理倾向。导致受众产生逆反心理的原因有很多，就受众自身方面来看，最主要的是由于受众本身所持有的思维定式，它往往伴随着对事物的感情好恶和价值评价。就传播者方面来看，主要是由于传播者形象不佳、传播内容失真、传播方法不妥等。在高校思政教育过程中，受众的逆反心理不容忽视，要尽可能避免逆反心理的产生。

高校思政教育传播者要善于发现受众的逆反心理，做到预防问题、发现问题。教育者不能自说自话，以避免激化受众的逆反心理，降低传播效果。此外，教育传播者不能过分强调大学生中逆反心理不转变的态度。大学生普遍存在这样一种心理认识：认为越被否定和禁止的东西，它的内容必将更独特和新奇，也就是所说的“禁果效应”。而过于强调不转变态度，则会在很大程度上进一步引发心理抵触，影响教育效果。而这一点又往往是高校思政教育传播者所忽视的。

三、新媒体视角下大学生思政教育创新策略

（一）指导和防控相结合的政府策略

现今，网络媒体发展态势强盛，政府对信息发布的控制面临了更多的挑战，并且在自由的网络环境下，人们的监管习惯也难以自觉形成。在此情况下，通过开展网络讨论、讲座等疏导活动，影响网民的思想观念，从而在网络中规范自己的行为，进行有效的自我管理，培养健康的网络人格。

自然，加强对网络上有害信息的防堵是必须做的。要在国家内部和外部网的界面上建立信息“海关”，严格排查信息，彻底屏蔽不良的以及一切可能危害社会治安和国家安全的信息，全面净化网络空间。在加强法制管理之外，还要依法管理信息内容的传播与交流。

第一，国家在对信息通道进行控制时，要积极占据网络制高点，使我国主导价值观念始终处于信息传播的优势地位。

第二，要加强法律的建设和完善，设立思政教育信息网络专门通道，保证思政教育网络的完整性和权威性，确保信息的真实性和客观性。

（二）以网络内外联动为中心的技术策略

思政教育者要切实掌握网络新媒体技术，占领网络思政教育工作阵地，准确把握新媒体技术和思政教育之间的切入点，构建立体交叉、全面覆盖式的教育网络体系。在传统媒体中，电视、广播和报纸等都在人们的信息生活中发挥了重要的作用，满足了人们的信息获取和交流的需求。因此，网络媒体应加强与其他媒体的合作，分析和利用传统媒体的优势，借为己用，进一步开拓网络媒体资讯和搜寻渠道。此外，教育工作者应利用网络的平等性、匿名性和交互性有效开展和组织问题讨论活动，为学生进行答疑解惑，也可通过QQ、微信、微博与网民进行双向或多向的沟通交流，充分发挥网络媒体的吸引力、辐射力、渗透力和感召力。

（三）以增强可接受性为中心的内容策略

大学生思政教育工作者要深入研究网络受众的心理特征，有针对性、目的性地设置教育内容。并且要选择适当的教育方式，以满足受教育者的身心成长需要，以提高思政教育的效果。在教育内容上首先要突破以下几个方面。

1. 针对性和灵活性

要切实解决网民在伦理观、价值观、人生观和世界观方面存在的问题，帮助和引导人

们树立正确的思想理念，培养独立意识，提高明辨是非的能力，以及对不良思想的抵抗能力，使其成为一个与社会主流发展趋势要求相符的人。对此，要仔细研究、讨论和解决网民遇到的、关心的多种多样的思想政治问题。

2. 生动性和艺术性

新媒体技术可以在教育工作者的教育工具上提供许多便利。因此，思政教育要充分利用这些新媒体信息技术，仔细筛选和构建教育信息，通过精心的设计和制作，将图像、声音与数据完美地融合在一起，使教育内容得到不断的丰富和补充，更加具有同步性、交互性和形象性。这不仅坚持了教育理论正面灌输的原则，而且有效增加了大学生思政教育的亲和力，使其更加具有艺术性和感染力。

3. 真实性和服务性

信息的真实性增加了信息的可信度，可以促进大学生积极搜寻信息。只有内容中包含的服务性信息，为大学生就业、生活等提供服务与帮助，才可能对他们产生长久的吸引力。

4. 层次性和时效性

不同年龄、不同职业、不同个性等不同群体之间，网民的思想状况表现出不同的层次，在道德发展上有很大的差别。教育工作者必须从大学生的个体情况出发，并根据不同的教育工作目标，合理设计教育内容，及时开展教育引导活动。

第三节　新媒体视角下大学生思政教育创新的主要路径选择

新媒体视角下大学生思政教育的内部环境和外部环境都发生了深刻的变革，而只有与时俱进、不断创新思政教育的途径，才能实现发展，才能进一步提高大学生思政教育的教学水平。

一、运用互联网进行大学生思政教育

（一）依靠网络开展大学生思政教育工作的时代要求

网络技术的发展，将人们带入了网络时代。高校作为人才培养和人才输出的重要场所，在信息资源方面是极为丰富的。现今，大学生不仅通过校园、教师和书本，还已经逐渐开始利用互联网来搜寻和利用自己想要的信息资源。这深刻地改变了大学生的日常生活和学

习，同时也对传统的思政教育工作发出了巨大的挑战。在这种情况下，相关部门提出要抢占网络阵地，充分利用互联网技术来增强大学生网络思政教育时效性的要求，这是我国高校思政教育工作在网络环境下做出的一个必然选择。如何利用互联网对大学生进行思政教育，如何进一步提高高校大学生思政教育的水平，是现阶段高校思政教育面临的主要课题。

1. 网络思政教育的内涵、基本内容与特殊功能

（1）内涵。思政教育是指对受教育者展开和实施的一系列有目的、有计划的思想政治品德的教育实践活动。大学生是国家和民族发展的希望，是建设社会主义社会的中坚力量，大学生的思政教育工作不仅关系大学生自身的成长和发展，更是直接关系国家和民族的命运。网络思政教育是高校思政教育的内容之一，也是非常关键的部分和环节。网络思政教育将多媒体技术同计算机技术融合在思政教育当中，运用多种教育形式对大学生进行与思想道德修养、思想观念等方面相关的思政教育活动。

（2）基本内容。与传统思政教育相比，网络思政教育有新的内容：一是网络思想教育。网络思想教育主要是利用互联网技术对高校大学生进行思想教育，教育的内容应当包括方法论、世界观等，高校思政教育中一直以来存在的主客观不统一的问题，随着网络的发展也得到了解决。二是网络政治教育。高校思政教育工作者充分运用互联网开展相应的马克思主义教育。引导学生深入地了解社会发展趋势，为国家发展与“中国梦”的实现做出应有贡献。三是网络法制教育。开展网络法制教育，思政教育工作要为学生系统地介绍我国的整个法律体系，宣传法律知识，让他们充分了解社会主义的法律精神以及基本原则，并以网络为手段，为高校大学生提供其所需要的法律服务。四是网络心理教育。高校及教育工作者在深入了解大学生心理健康现状的基础上，采取多种方式和途径开展大学生心理健康教育，进一步提高大学生的心理素质。五是网络伦理教育。教育工作者在教育过程中通过利用网络的功能，整合世界范围内的多种文化，将美好的品德和高尚的情操潜移默化地传授给大学生，向大学生宣传伦理道德文化，帮助他们树立正确、科学的伦理观。六是网络国情教育。高校思政教育应利用网络，以马克思主义为指导，充分运用马克思的方法论和世界观，详细分析介绍我国在社会主义初级阶段的政治状况、经济状况、文化状况等，保证高校大学生对我国国情有客观的认识。七是网络人文知识教育。以社会科学和自然科学交融的人文科学知识，对培养高校大学生正确的人生观、世界观和价值观有着非常重要的意义，把这些内容纳入网络思政教育，有利于促进学生培养高尚的道德品德和人格。八是网络中华优秀传统文化教育。西方文化以互联网为手段逐步渗透和侵蚀东方文化，尤其是与他们社会意识不相符合的优秀文化传统。正因为如此，我国的传统文化应当在网络中占据一席之地。

（3）特殊功能。思政教育的特殊功能包括三个方面：沟通功能、渗透功能和预防功能。沟通功能，具体是指在新时期网络思政教育的沟通形式多样化发展，教育工作者可以采用多种多样的表达方式，通过网络来实现思政教育的远程传播，打破了空间的限制；渗透功能对网络思政教育的渗透功能具有决定性作用，大学生可以充分利用网络优势，将在教育课程中的知识转变为自己的思想，成为自己的外化行为；预防功能，具体是指可以运用思政教育手段对大学生进行思政教育，从而避免和解决问题。

2. 开展网络思政教育的意义与必要性

（1）高校网络思政教育建设是信息网络时代发展的客观需要。当今社会，人们对网络的依赖程度不断加深，网络无疑成为人们生活中必不可少的一部分。网络的真实力量不可预测，没有人能够正确地评测和估量。但是不可否认的是，正是由于网络的产生，人们才敢去将脑海中的想象付诸实践，才敢勇敢地、放手去追求以前不敢想也不敢做的事情。这些都是网络赋予我们的力量，给予我们的支持。随着网络的高速发展，人们的生产和生活发生了翻天覆地的变化，价值观念与思维习惯也同时发生了前所未有的变化。从一定意义上来说，这种变化与发展是可喜的，意味着人类社会的突破和进步，但我们也必须承认，这其中也存在着一些隐患和危机，信息网络时代，各种思潮向人们纷纷涌去，各种流言也通过网络在人们之间肆意传播和蔓延。这无疑会给思想意识形态工作带来难度。高校教师和大学生是网络技术的使用者和传播者，在信息网络时代下，他们发挥的作用和影响不可估量。高校思政教育者和受教育者应当合力为网络思政教育建设服务，营造健康的网络空间。

（2）高校网络思政教育建设是高校思政教育工作手段和方式转型的需要。在当今社会，传统的思政教育模式已经不能满足学生和社会发展的需求。因此，在网络环境下，教育者必须要思考和转变自己的教育理念，在教育活动中有效融入计算机网络技术，打破思政教育的时间和空间的限制。传统思政教育的重点主要在于向青少年传递道德以及法律方面的知识，但是在引导相关道德与法律建设方面涉及较少。大学生正处在身心发展、实现人生价值的关键时期，而网络可以适时充当他们情感的港湾和依靠，可以在他们无助和无奈时通过多种方式和渠道排解情绪，发泄自我。但是，在这期间学生太过于依赖网络也会产生一些负面影响。在网络道德建设中，高校及其教育工作者必须要加强与学生的沟通和协商，让他们了解网络和现实社会一样，都需要建立和遵循一套专门的道德规范，这样网络世界才能和谐长存，提醒自己在利用网络时要时刻谨记遵守行为准则。

（3）高校网络思政教育建设是净化高校网络信息源的需要。在网络正式出现之前，大学生主要是通过电视、报纸等传统媒体获取信息，而社会相关机构与教育工作者也能通过各种管理手段筛选和过滤其中不良的信息，这在一定程度上保证了信息环境的健康纯洁，避免了对大学生造成不良影响。

然而，现今计算机网络发展迅速，信息的获取途径多种多样，对信息的管理和控制工作量巨大而难以实现，教育工作者无法有效过滤不良的网络信息，最终使其对大学生造成影响，影响大学生正确价值观的形成。高校中各种信息流通自由、频繁，这导致教育工作者对信息的监管无力，还极大地污染了思政教育的空间。因此，在网络环境下，高校思政教育必须要通过一系列的现代传播手段，不断加强网络思政教育，进一步提高思政教育的水平和质量，净化网络信息源，营造良好的思政教育网络环境。

（4）高校网络思政教育建设是校园文化建设实践活动的需要。高校思政教育是高校校园文化建设的一个重要部分，它主要包括以下几个方面：

① 促进大学生智能发展。

② 建设校园网络精神文明。

③ 丰富大学生的文化生活。

④ 培养大学生的健全人格。

高校校园精神文明建设是高校网络思政教育最核心的内容。由此可见，我国高校网络思政教育只有以爱国主义为指导思想，以社会主义和集体主义为引导，才能够帮助我国高校创建良好的校风。然而，我们必须认识到，在大学生思政教育中仍存在一些限制发展的不利因素。这些不利因素不得到彻底的消除和解决，一旦深入校园内部，给学生带来的影响将会是极为严重的、负面的。因此，一方面，校园网络思政教育建设对校园文化建设实践活动起着决定作用，离不开思政教育的引导和把握；另一方面，高校网络思政教育建设充分发挥了我国高校校园文化建设实践活动的陶冶功能。

网络思政教育改变了传统教育模式中学生对权威知识过于依赖的局面，这极大地促进了学生自主性的培养，同时也使学生的创造性得到了充分的发挥。此外，其也使当代大学生意识到脑力劳动以及创造性劳动的意义和重要性，进一步培养了大学生的创新性。因此，在新媒体环境下，高校思政教育必须要着重体现对网络的应用，通过利用和发挥网络的优势，整合教育资源，研究和采取大学生喜闻乐见的教育方式和途径，进一步推动大学生思政教育工作深入开展，提高教育的质量和水平，促进大学生全面发展。

（二）利用博客（网络日志）推进大学生思政教育工作

1. 博客与微博

博客，主要是以网络的形式将一些流水记录发表出来。博主通过博客这一平台发布信息，记录自己的相关见闻，博客直接体现和反映了博主的心情状态。博客，使人们之间的交流和沟通更加轻松、直接和高效，它是一个个性化的综合性平台。博客从 2000 年正式进入人们的生活，在此之后迅速发展，却也是业绩平平。博客被人们所熟知后，一些相关的网站纷纷开始抢占博客阵营，开始进入博客的春秋战国时代。“博客”主要有两方面的意义：第一，个人根据时间顺序写的日记、日志。从博客的外在形式来看，其实它是一个相对独立的站点，相当于一个人的网站。就算对网络设计制作技术一无所知，人们也能将自己的心情、看法在网络上发布，尽情展现自己，获得他人的关注。第二，人们通过博客分享自己的经验教训。和讨论组以及电子邮件相比，博客的交流更加简单直接，也因此受到人们的欢迎，促进了网络虚拟交友和社群的形成。

2006 年，微博在美国正式诞生；2009 年正式进入中国。微博是一个信息传播、获取、分享的平台，用户通过微博用文字或图片等形式随时随地更新自己的信息，这种更新主要是通过 WAPP、WEB 以及各种客户端组建个人社区来实现的。此外，信息的更新还可以通过相应的手机软件更新、发布、分享。与过于强调版面布置的博客来说，微博的内容仅仅由只言片语组成，这在一定程度上降低了用户的技术门槛，更新也更加方便。

2. 博客与微博在学生思政教育中的积极作用

（1）为掌握大学生思想脉络开启一扇窗。当代大学生文化素质较高，有思想、有活力，有强烈的个性意识，他们渴望表达，渴望被关注，却在他人和众人面前羞于表达自己，很难吐露自己的真实心声。因此，在大学生思政教育中，一大难题就是无法准确获知和深入了解大学生的思想状态。一方面，在现实生活中，大学生的自我表达意识还不够强烈，也没有表现出积极性和主动性，这不利于教育者及时掌握学生的思想状态；另一方面，许多学生较为胆小，表达能力不足，在人前展示自己是相当困难的一件事，他们往往无法向他人传达自己的真实情况。与现实情况不同的是，现在很多大学生热衷于在微博和博客上分享自己的点点滴滴，经常与朋友甚至是陌生人分享自己的喜怒哀乐。这种表达往往都是学生内心最为真实且直接的情绪和感受，主观性强。因此，高校思政教育者必须认识到微博和博客在学生生活中以及教育中的重要性和地位，要时刻关注学生微博、博客的信息更新情况，及时了解学生的思想动态，切实解决学生问题。

（2）为思政教育的开展推开了一扇门。在传统的思政教育中，采取的教育形式主要是一对一访谈以及集体观看材料、组织演讲比赛或讲座等团体活动。团体活动的教育覆盖面相对较广，却没有考虑到学生个体的实际情况，没有体现特殊性和针对性，思政教育很难对学生个体产生实效。相对而言，一对一访谈就体现了较强的针对性，但是这种方式仅限于小部分，很难实现大部分的普及，自然很难取得整体的教育效果。而博客和微博却兼顾了广泛性和针对性，一方面它可以保护学生隐私，使学生的信息交流更加方便而直接，可以帮助教育工作者进行大面积的普及教育，提高工作效率；另一方面它又能从实际出发，根据教育内容和学生特点灵活地调整教育方案。此外，还可以通过微博开展答疑解惑的活动，与学生分享学习资料、发布最新就业信息、考试信息、学院通知以及生活提醒，密切与学生之间的生活和情感交流。这种教育模式更加灵活而多变，能够适应多种教育目标和要求，使得大学生思政教育不再单调而乏味，更加具有生命力和活力。同时，还可以在此基础上与QQ等渠道结合，实现教育信息的定向交流，还可以联合学生干部安排、传达工作要求，将工作渠道的优点充分利用起来，实现全方位的立体工作模式，进一步提高思政教育实效。

（3）为思政教育内容拓展了一片天。大学生文化素质较高，有思想、有活力，好奇心和探索欲较强，对新鲜事物相对敏感，而互联网能够实时向学生推送信息，让学生了解和获知各种信息，符合学生的心理特征。思政教育在微博、博客的基础上，其内容得到了进一步的丰富。通过微博和博客，可以通过最新的社会事件引发学生的兴趣，以此更好地开展国情教育和时事教育。

（4）为思政教育的时效性增加了一股力。通过网络开展大学生思政教育的实效性更强。微博和博客在信息的传播中更加准确、及时、快捷、详尽、生动、大量、丰富，在信息浏览之余，学生还可以进行转载和分享。这有利于拉近学生与学生之间、学生与教师之间的距离，促进沟通和交流，迸发出更多的思想火花；这有利于提高大学生的学习能力和思维能力，同时提高大学生思政教育工作的时效性。

3. 充分发挥博客、微博的作用

目前，大学生中使用博客和微博的人逐渐增多，而把精力集中在博客、微博在商业和娱乐方面的发展功能上的人也越来越多。因此，高校思想政治工作者必须要改变观念，充分认识到博客、微博在政治传播以及思想塑造等方面的功能，逐步构建科学、合理的博客、微博德育平台，有效占领大学思政教育主阵地，唱响新时代高校思政教育的主旋律。

（1）建立完善的博客、微博运营支撑体系

要对大学生进行广泛而有效的思政教育，高校必须构建完善的微博、博客管理机制。要成立专门的管理小组，主要对校园各部门的资源进行有效的组合，以打造一个全方位的校园平台。成员主要包括思政教育的相关人员、院系领导及教师等。学校应加强对管理小组成员的培养，不断提高小组成员运用微博、博客的能力，促进高校思政教育水平的有效提高。

（2）要特别重视建好学校和辅导员博客、微博

① 建立学校微博、博客平台。博客、微博相比其他媒体，更具有便捷性和即时性。在大学生思政教育中，高校应重点发挥博客、微博在改善管理与服务学生中的功能；教务处应当即时向学生发布校园中的各种教学通知、文件以及自习室开放情况等一系列信息；图书馆可向学生提供图书检阅、借阅提示、学术交流、学术讲座等各种个性化的服务。除此之外，高校还可以通过博客、微博，发布有关学校、院系的规章制度，获取学生的反馈信息，增进与学生的交流，以促进高校的进一步发展。

② 大学辅导员要做到人人有博客，人人上微博。辅导员处于大学生思政教育工作的最前线，与学生时刻保持着亲密联系。在大学生思政教育中，高校辅导员必须迅速占领网络这一新的思想阵地，以此及时、有效地把握和获取学生思想动态的第一手资料，并进一步开展对学生积极的舆论引导。在日常工作中，辅导员要开设个人博客、微博，通过这些平台拉近和学生的距离，在教学实践工作中全面把握学生的思想动态。在大学生思政教育中，辅导员开设个人微博、博客，其中需要特别关注和解决的问题主要包括以下两个方面。

一是高校辅导员开设个人博客、微博是否必要？对此，一些人认为，辅导员的日常工作本就繁重，若是再开设个人博客、微博以满足某些教学需要，就会进一步增加高校辅导员的负担，使辅导员疲于应付。事实上，这种想法是错误的。辅导员开通博客、微博，可以使工作信息直接传送给每一名学生，这改变了以往辅导员必须要发布纸质文件或逐级传达的烦琐局面，大大减少了辅导员的工作量，简化了工作程序，对于辅导员来说应是一件更加方便的途径和手段，同时也方便了学生获取和查阅信息。此外，博客、微博也为辅导员和学生之间的交流搭建了一座桥梁，增强了两者之间的沟通和联系，进一步提高了高校思政教育的工作效率。

二是博客、微博与辅导员工作的结合会产生何种效果？一方面，辅导员可以通过博客、微博发布一些关于哲学探讨的问题，也可以发布一些时事热点问题，吸引学生注意，促进学生与学生之间、学生与辅导员之间的交流。在这一过程中，学生能够逐渐养成主动获取信息的习惯，这有利于消除学生的逆反心理，提高学生学习的积极性，培养学生的民主观念。另一方面，博客、微博与辅导员的工作结合，也可以促进辅导员自身的发展。当今社会，社会经济和科技水平不断提高，大学生更容易接受新事物，更加熟悉和了解时代趋势与发展潮流。若是辅导员不能与时俱进，跟不上时代发展的步伐，那么就会被认为是被时代淘汰的一员，其辅导员工作也会因为与时代脱轨而难以继续下去。而微博、博客作为当今社会的一个知识库，它可以帮助辅导员了解更多不同领域的不同知识，可以开阔辅导员的视野，使他们可以随时随地地获取新闻资讯，了解时代的发展变化。此外，这还有利于

搭建一个灵活、及时的沟通平台。大学生思政教育仅依靠学校的力量是不够的，这样很难真正实现教育的目标，因此，必须集合学校和家庭的力量。而博客、微博的出现就可以为其提供良好的助力，它可以通过搭建一个平等交流的平台，实现学校、学生以及家庭的三方合作共力。通过博客、微博，学生家长能够及时获取学校办学以及教学等信息，获知学生在学校的学习、生活情况，了解他们在日常的学习和生活中遇到的问题和困难，协助他们解决困难，帮助他们走出困境。此外，通过微博、博客等网上交流平台，家长与辅导员之间也能进行有效的沟通和交流，能够就学生的学习特点和发展需求展开探讨，全方位地把握学生的思想动态，一同为学生的发展而努力。与此同时，通过博客、微博这一平台，能够引导学生参与和配合辅导员工作，有利于学生融入集体中去。

由此可见，网络时代下博客、微博凭借其特有的优势，为大学生思政教育工作开辟了一条崭新的道路，进一步提高了辅导员和人才培养的实效性。

（3）建立系统有效的博客、微博管理体系，形成高效互动的新局面

现今，许多高校都看到了微博、博客在教育教学方面发挥的独特作用，也纷纷开始利用微博、博客来开展思政教育工作。然而，即使看见了微博、博客之于思政教育的意义，却由于各种各样的原因，对博客、微博的利用和重视程度远远不够，目前还停留在发布广告、新闻等狭窄层面，在联动交流与话题设置上效果微弱。怎样才能符合学生需求，贴合学生“胃口”，开创教育工作新途径，实现教师与学生之间的零距离交流，充分体现高校思政教育的功能呢？对于这一问题，我们必须要做到全面建设和完善微博的管理体系，真正实现工作责任到人，分工明确，实现以学院班级为单位的逐层科学化管理；在内容上，要适时改变那些传统的公告文风，以大学生感兴趣、满足大学生需求的公告形式，吸引大学生注意，使大学生及时了解信息公告，有效解决大学生之间的问题；要建立相应的预警机制，实时把握大学生潜在的心理矛盾，掌握事件发生的第一手信息，及时解决问题和矛盾。

（4）要占领博客、微博阵地的话语权

一是要发挥优秀学生的模范引导作用，这里的优秀学生是指传播有价值的正面信息，并以此对他人形成积极影响的优秀分子。在大学校园中，学生之间、教师之间以及学生与教师之间通常在微博以及博客平台上互相关注，这不仅拓展了信息的接收渠道，同时还有效地拓展了大学生的人际关系。新媒体时代，许多大学生在微博和博客上拥有大量的粉丝群，他们在一定意义上属于网络传播中的领袖人物，并且这些人往往在网络上发挥了巨大的影响力。对此，在大学生思政教育中，教育工作者应充分利用传播中的领袖作用，利用他们的影响力发挥网络舆论作用。这样大学生思政教育才能在新媒体时代永葆生命力，才能实现健康有序的发展。

二是要实现新媒体与传统思政教育的有机结合，打造高效立体式的思想政治模式。虽然就目前形势而言，传统思政教育在某些方面已经不符合当今时代和学生发展的要求，其教育模式有一定的缺点和弱势。但不可否认的是，传统的思政教育模式至今仍有其存在的价值，在当前的思政教育中仍发挥着重要的作用。因此，教育工作者应通过微博、博客定期、不定期地开展思政教育教学、讲座等活动，对学生进行广泛的思政教育。此外，还可将学校讨论、决议的重要问题通过微博进行公示，吸引学生参与。通过一系列的思考、讨论和研究，使大学生逐步形成积极、正面的价值观和思想观念。尤其是在突发事件方面，要对学生进行引导教育，使正确思想和积极言论占领高校网络阵地。

我国相关部门也制定和发布了一系列的政策规定，希望能够在高校创建共青团基层党组织，以点带面地推动高校共青团组织的网络化发展。目前，许多高校在相关部门的倡议下已经开设了微博，并且拥有了广大的粉丝群，赢得了社会的广泛关注。这极大地提高了我国高校的社会影响力，使微博成为高校与学生、与校外人士沟通的桥梁和纽带。其中，团委系统形成了纵向微博体系和横向微博体系。目前虽然已经形成了一定的微博体系，但是这种体系现今尚不完善，还缺乏有效的组织和管理，也没有真正形成上下联动、左右配合的体系网络，还需要我们共同的努力。

（三）推进大学生思政教育主体网站的建立和完善工作

清华大学汽车工程系 71 班党课学习小组于 1998 年年底利用寝室内的互联网建立了共产主义理论学习主页，起名“红色网站”。这在大学生思政教育中有一定的借鉴和启示意义，我国各大高校也纷纷开始进行思政教育新空间的拓展。与此同时，各种红色网站也陆续建立起来，这有效地扩大了红色文化在大学生群体中的影响力，促进了我国大学生思政教育的深刻变革，打破了时空的限制，丰富了思政教育的内容和手段，有效地提升了教育者与受教育者的素质。

1. 高校思政教育主题网站的特点

红色网站又称“德育网站”，是高校思政教育主题网站，这种网站是高校针对学生群体，根据网络运行规律和法则，开展有组织、有计划、有目的的思政教育的阵地。

高校思政教育主题网站是高校传统思政教育的补充和延伸，它是通过加大网络思政教育信息的制作、传播、控制以及网络建设，利用网络信息有计划、有目的、有组织地对学生造成影响，从而影响大学生的道德规范、政治观点、思想观念以及信息素养，培养他们形成符合社会主义所需要的道德品质。

作为信息时代思政教育工作的新领域，高校思政教育主题网站实现了思政教育理论内容与现代传播技术的有机结合，它帮助大学生树立了正确的人生观、价值观和世界观，引导大学生朝着既定的理想目标坚定地走下去。此外，它还极大地培养和提高了大学生的思想政治素质和社会道德意识。高校思政教育主题网站的特点主要包括以下几个方面：

（1）主题鲜明，思想性强。高校思政教育主题网站应以社会主义核心价值体系为根本，设置党建、“三观”方面的专栏，大力宣传社会主义核心价值观；与此同时，还应与社会生活保持密切联系，从实际出发，坚持科学发展观的引导，明确现阶段我国全面建设和谐社会的宏伟目标，坚持不懈地宣传社会主义核心价值体系的内容，坚持马克思主义的指导思想，鼓励高校大学生以中国特色社会主义共同理想为理想，积极努力，实现自身的人生价值。此外，还要坚持以爱国主义为核心，培养大学生的爱国主义意识，使思政教育主题网站成为正确舆论的风向标、大学生精神生活的新空间、公共文化服务的新途径、传播社会主义先进文化的新平台。

（2）内容丰富，知识性强。高校思政教育主题网站以科学发展观为指导，呈现出理论科学化的特点。网站设置的内容极为丰富，涉及政治、文学、经济、哲学、历史、法律、心理、伦理、时事等多方面知识，能较好地满足不同层次和类型的大学生的需求。高校思政教育主题网站坚持以人为本的基本理念，克服了片面的唯个人价值观和唯社会价值观，确立了个人价值与社会价值内在统一的新价值观。网站在提高教育实效性和创新教育方法的同时，极大地培养了大学生的能力和个性。其既发挥教育者的主体作用，也重视大学生的能动性，使大学生能够自觉根据社会要求进行自我塑造和发展。思政教育主题网站的设置，为大学生全面提升自身的思想道德素质、课外学习和科学文化素质提供了很好的平台。

（3）范围广泛，服务性强。高校思政教育涉及的功能和范围较为广泛，涌现了一批服务性强、有特色、深受网民喜爱的网站。如“辽宁大学生战线联盟”，设置的栏目达四十多个，包括理论课堂、学生党建、政策法规、法律在线、时事新闻、外语天地、高校社团、健康驿站、就业之路、名篇鉴赏等，为大学生提供了学习、娱乐和休闲的场所。同时还为大学生提供了丰富的就业信息和助学信息，使用价值较高，深受高校师生的喜爱。在网站中，教育工作者根据高校大学生的特点，通过论坛、博客、聊天室和在线留言等多种形式，引导和帮助大学生关注时事，就热点问题展开讨论，为大学生答疑解惑。特别是针对一些国内和国际大事件，要注意观察学生的思想动态，帮助化解大学生中的一些过激思想言论，在大学生中形成正确的思想政治舆论导向。

2. 高校思政教育主题网站的功能

为了促进大学生思政教育中网络技术的有效利用和发挥实效，我国发布了《关于进一步加强和改进大学生思想政治教育的意见》，各个高校在相关部门的倡导下，开始建立与本校相关的主题网站，充分发挥高校思政教育的作用。

（1）传播社会主义核心价值体系的重要阵地。众所周知，网络是一把“双刃剑”，它能够给人们的生活带来便利，创造独特价值，同时也会误导人们陷入泥沼，形成消极影响。相应的，随着网络的迅猛发展，它给大学生思政教育带来的负面、消极影响也越来越突出、越来越深刻，大量不健康的信息乃至反人类本性的信息通过网络肆意流传，严重阻碍了大学生思政教育的有序开展。而建立主题网站的主要目的，就是为了实现“以科学的理论武装人，以正确的舆论引导人，以高尚的精神塑造人，以优秀的作品鼓舞人”。通过在大学生之间广泛开展和举办各种主题专栏和特色活动，对大学生形成正面的理论教育以及舆论引导，使大学生更加坚定自己的理想信念，能够将社会主义共同理想设定为自己的努力方向，进一步提高教育效果。

事实上，在大学生思政教育实践过程中，认真阅读过马列著作的大学生并不多，许多大学生并不十分了解甚至是完全不了解毛泽东思想和邓小平理论，大学生通常对长篇经典著作并不十分感兴趣。而高校建立主题网站，则能有效地增加学生与这些经典著作的接触机会，能够将这些经典著作以另一种形式，通过一些先进的网络技术手段，迸发出时代感召力，成为大学生成长的精神引领，进一步提高大学生的政治辨别力和预防抵抗力。

（2）提供师生交流的新平台。实际上，有学生普遍反映，现实中面对面的思政教育总是会对人形成一种高压态势，学生大多感觉它是一种带有行政式命令、居高临下的教育，这种教育模式若是不加以改善，将会使大学生思政教育脱离学生群众，教育实效将越来越低。网络具有虚拟性、匿名性和开放性的特点，在网络上人们的交流更加具有平等性，人们能够畅所欲言，往往能够宣泄和表达自己最真实的情感和感受。因此，网络技术在大学生思政教育上的应用必能弥补传统教育模式的空缺，会将以前命令式、灌输式的教学转变成为探讨式、交流式的教学，进一步增加学生之间、学生与教师之间的思想交流，使学生自觉地接受思政教育工作者的观点。

高校建立主题网站，为大学生思政教育搭建了一个新平台。思政教育工作者可以利用这一平台对学生进行“坐站听诊”，和学生进行直接、有效的沟通和交流，从而更准确、迅速地了解和把握学生的思想状况、心理状况以及情感诉求。并在此基础上进行有针对性、目的性的思想引导，为他们解决学习和生活中的难题。这有利于促进思政教育在大学生生活、学习和思想中的全面渗透，进一步提高教育的时效性。

（3）构建为学生服务的新载体。目前，就我国各高校的思政教育主题网站的建设情况来看，可以说其覆盖面极广，有很强的服务性，在高校服务育人方面发挥了很大的作用。很多主题网站都设立了一些专为大学生服务的平台，如心理健康服务平台、学习生活互助平台、择业创业服务平台等。这些服务平台具有很强的互动性，它涉及大学生生活和学习的方方面面，极大地丰富了大学生的学习生活和业余生活，不仅有效地提高了大学生思政教育的吸引力，同时还大大地提高了学生的生活质量和学习效率。

（4）实现思政教育的资源共享。在互联网广泛兴起之前，思政教育信息通常都是通过杂志、广播、报纸以及书籍等渠道获得，这些传统媒介形式很难做到信息的实时更新，且版面限制严格，内容相对较少，因此很难推动大学生思政教育的创新突破。而网络具有开放性和自由性的特点，受教育者可以在网络上根据自己的需求和爱好随时随地搜索相关的教育资源，这打破了以往教育资源获取上的有限性和局限性，有效地增进了教育双方的互动和交流，实现了以网络平台为中介的教育资源的师生平等共享，学生的学习活动更加具有主动性，提高了教育实效，凸显了网上教育资源的丰富性。

此外，在大学生思政教育工作中，辅导员、学生工作处的教师、思想政治理论课专职教师所处的位置、发挥的作用都是不同的，有时这三者在教育过程中会出现各司其职、相互脱节的情况。因此，建立大学生思政教育主题网站，能够将高校中所有从事大学生思政教育的教育工作者广泛联系起来，为他们搭建一个沟通和协调的平台，使各个不同的教育主体之间实现有效的沟通交流，以便及时把握大学生的思想动态，集中力量做好大学生的思政教育工作。

3. 高校思政教育主题网站建设存在的问题

随着互联网信息技术的不断发展，网络在大学生的学习和生活中发挥着越来越重要的作用，两者之间的联系也更加密切。建设高校思政教育主题网站，用先进思想文化占领网络阵地已经引起广泛的关注。现阶段，我国各高校都较为重视校园网站建设，集中力量提高思想认识、建设工作体制、实现条件保障，也取得了较好的成效。然而，目前大学生思政教育主题网站的建设发展还不能完全满足现实需求，还相对落后，还需进一步改进。

（1）部分高校对加强主题网站建设思想上存在误区。2001 年 12 月召开了第十次全国高校党建工作会议，会议中对大学生思政教育进网络教育部给予了高度重视，并将其作为考核和评价高校的重要依据。为了响应国家号召，我国许多高校纷纷开展了思政教育主题网站建设，使得我国大学生思政教育网站获得了迅猛的发展，取得了较好的成绩。然而，我们仍然可以明显地感受到，目前许多大学生并不十分认可大学生思想政治主题网站建设，对其重要性认识不足。

其中，部分高校在主题网站建设方面并没有对网站的软硬件建设形成一个长远的规划，也没有划出一笔专门用于主题网站建设的经费，因此，主题网站建设严重缺乏物质保障。此外，部分大学生思政教育工作者对新时期网络新媒体的发展趋势和特点并没有足够清晰的了解和掌握，也没有充分认识到大学生思政教育主题网站建设的重要性和紧迫性，而是一成不变地采用传统的教育方法和形式，墨守成规。

与此同时，部分高校建设的大学生思政教育主题网站并没有充分体现“以学生为本”的人文关怀。在建设主题网站的过程中，还是没有考虑到新时期网络思政教育的特殊性，始终摆脱不了传统观念的束缚。在教学过程中，教师仍处于绝对的主导地位，严重忽视了学生的主体性和能动性。显然，这种教学模式并不符合新时期大学生的心理特点和发展需求，长此以往将严重降低学生的学习兴趣和积极性，将学生越推越远。这种只重外在形式、忽视实体内容的现象，在高校思政教育主题网站建设中普遍存在，它难以在大学生思政教育中发挥作用，网站质量也久久得不到提升。

（2）主题网站定位不够准确，内容形式上存在问题。大学生思政教育主题网站的定位是必须要准确把握的，它直接影响和决定着大学生思政教育主题网站建设的成败。但是，我国许多高校并没有真正做到这一点，投入力度还不足。网站对自身的发展缺乏一定的指导思想，没有较为清晰的规划和定位。

大学生思政教育主题网站是网络思政教育的新载体，它应该具有先进理论的传导教育功能。此外，大学生思政教育主题网站要想永葆生命力与活力，想要对大学生有长久的吸引力并保障网站点击率，就必须具备结构、内容、形式上的特色化、专业化、个性化、主体化。然而，目前许多高校的大学生思政教育主题网站并没有形成自己的网站特色，网站信息更新速度慢、周期长、内容少、时效性低。因此，就难以充分发挥网站的优势，对受教育者的吸引力较弱，教育影响力相对较低。另外，还有一些高校的大学生思政教育主题网站不具有创新性，可以看到在网站上很多信息都是转载、拷贝的。这种缺乏创新性和原创性的文字，对学生的感染力极弱，网站缺乏真正反映大学生的需要和帮助大学生解疑释惑的内容，容易导致网站不能融入大学生群体，最终被大学生舍弃。而另外一些主题网站的形式过于单调和枯燥，这些网站很难吸引甚至是完全不能吸引高校师生的注意，自然也就无法实现网站的教育引导功能。也有一些主题网站的内容假大空、片面强调说书教育，没有结合大学生的具体实践，不能调动大学生的主动性和积极性，网站访问率和点击率低、时效性低。

（3）网站管理水平落后，管护不到位。通常来说，建设一个主题网站容易，而守护、管理一个网站却是相对较难的。目前，针对谁才能充当大学生思政教育的主要管理人角色，我国高校大学生思政教育相关部门还没有做出最后的决定。思政教育主题网站都是具体落到一个或几个学校机构来管理的。而这种不统一的局面会造成一些不良影响，表现为同级之间很难实现有效的协调管理。而建设一个专门的大学生思政教育主题网站是一个综合性、长期性的工作，需要学校各个院系和各个部门的互相协调和配合，同时还需要相关部门筹划机构和精英“智囊团”。因此，将部门和机构作用于同一个机构，就会导致思政教育效果久久得不到提升。

目前来说，我国很多高校的主题网站在建设发展上还缺乏专门技术人员的维护，一个网站建设完成，后期却表现出各种明显的问题且得不到及时的维修和改善，有些甚至会出现无法登录和浏览网页的现象。

（4）思想政治工作人员的媒介素养有待提高。网络信息时代，大学生思政教育对教育工作者提出了更高、更新的要求，其中特别要求教育工作者要具备把握信息的素质以及处理信息方面的素质。但是，我国现在很多高校都缺乏这样的教育人才，急缺那些既懂得思政教育又懂得网络技术的人才。而且，高校中的许多思政教育工作者也没有树立网络技术与思政教育有机结合的思想意识，没有主动去提高和培养自己运用网络信息技术处理思政教育信息的能力，严重缺乏建设思政教育的主动性和积极性。相关教师很少登录高校的主题网站，在网站上投入的精力严重不足，有些思政教育工作者甚至不清楚自己所在高校的主题网站名。因此，许多网站还停留在简单的单方面灌输上，没有对其他直观、双向的网络交流途径进行有效整合，网站活力低，缺乏时效性。

4. 高校思政教育主题网站建设的有效措施

（1）明确指导思想，强化主题网站建设重要性的认识。为实现大学生思政教育主题网站的有序运行，就必须严格地以指导思想为依据。大学生思政教育网站是高校进行思政教育的前沿阵地，同时也是高校宣传党政方针的重要平台。因此，大学生思政教育主题网站必须保证办网目的、思路明确，科学定位发展路线。

在进行大学生思政教育主题网站建设的过程中，我们必须坚持用先进的思想文化占领高校网络文化阵地这一导向和原则，传播积极向上的主流文化。要想办好主题网站建设，就必须分析和研究社会中存在的新问题和新情况，坚持用科学的理论引导舆论，大力宣扬先进的思想文化，唱响主旋律，组织信息、发布信息，向社会传播社会主义先进文化和核心价值体系。充分发挥主题网站的优势和作用，实现对大学生的思政教育，是高校思想政治工作必须做到的一点，也是加强精神文明建设的内在要求。

主题网站必须树立全新的教育理念。高校建设大学生思政教育主题网站必须根据高校师生的思想特点，从实际出发，科学安排网站内容，主要内容包括网页设计、内容筛选、板块设置等。网站建设要体现网站自己的特色，如通过设立搜索引擎、多重链接、建立聊天室、娱乐游戏等，最大限度地激发大学生的兴趣和热情，充分发挥网站的积极作用，不断拓展大学生思政教育的广度和深度。

（2）增强主题网站内容和形式的吸引力、影响力。主题网站应进一步突破原有思政教育的内容和形式。思政教育主题网站一个最鲜明的特点就是，其内容要具有思想性、严肃性和严谨性。诚然，这是源于思政教育本身应具有的严肃性，然而，很显然，高校师生更加喜欢具有趣味性、生动性以及多样性的内容，他们往往不容易接受严谨和刻板的内容，更喜欢在轻松、愉悦的环境中接受教育。因此，在网站建设中我们必须妥善处理好思政教育内容与形式之间的矛盾，既要保证网站中充分具有马克思主义理论、严谨的思想政治理论、严肃的思想道德修养等思政教育的主要内容，又要保证网站具有生动活泼、深入浅出的表现形式，增强主题网站对高校师生的吸引力。

在大学生思政教育主题网站中，通过生动活泼的内容和形式去传导和烘托，才能使大学生思政教育的主要内容在大学生中潜移默化地传播和渗透，才能真正发挥和实现网站应有的教育功能和效果。因此，我们应认真对待网站中内容的设计。实践证明，只有主动抢占网络思政教育新阵地，弘扬主旋律，才能始终保持思政教育主题网站的鲜明特色。在高校思政教育中必须坚持弘扬主旋律，才能使大学生主动投身到社会主义建设中去。同时，大学生思政教育主题网站还应当具有鲜明的政治立场、明确的政治观点，还要将新时期科学技术同我国历史文化知识有机融合起来。此外，还应当充分体现和塑造主题网站的生动性，不能只是将网站内容进行简单的排列和叠加，而应该按照一定的规律和特点精心布局，给大学生以赏心悦目之感。要在主题网站上实时发布一些时事新闻和热点事件，吸引高校师生共同关注和讨论。与此同时，还要注重强化主题网站的服务性，要在网站上专门开设大学生就业等相关栏目。

（3）加强高校网络思政教育队伍建设。将大学生思政教育与网络技术进行有机结合是主题网站最为重要的属性，它对教育工作者提出了一系列更高的要求：既要有一定的思想政治觉悟和政策理论水平，又要掌握一定的计算机网络技术；既要能够充分把握学生的思想行为动态，又要懂得网站的建设和维护；既能有针对性地对学生进行答疑解惑，又能辨别网络信息的真假利弊。因此，新时期大学生思政教育必须进一步加强网络思政教育队伍建设，主要包括以下几个方面。

① 要全面提高相关教育工作者的综合素质。在大学生思政教育中，教育工作者发挥着不可忽视的作用，直接影响着教育工作的成败。而网络环境下，教育工作者只有始终坚定自己的理想信念，忠于自己的岗位，有责任心、事业心，才能在教书育人中感染学生，才能将自己坚定的信念传递给学生。对此，教育工作者必须不断培养和提高自己的理论知识水平和业务素质，为大学生思政教育提供坚定的基础，促进思政教育工作在高校主题网站中有序开展。

② 要组建评论员队伍和主题网站信息员。只有真正把握网络舆论动态，做好舆论引导，才能促进大学生思政教育工作真正落到实处。这对我国大学生思政教育队伍提出了一定的要求，要求教育队伍必须有一定的理论基础，同时要掌握一定的网络技术。只有具备这样一支队伍，高校和教育工作者才能全面掌握和了解学生的思想动态和网络舆论动态，才能做好学生的思想宣传工作；才能促进与学生的沟通和交流，形成正确的网络舆论引导，及时化解矛盾和问题，维护社会稳定；才能有效整合网络信息，进一步宣传党的路线、方针、政策，并为领导决策提供服务。

（4）构建主题网站建设与管理的长效工作机制。构建长效管理机制和工作机制来保证高校思政教育主题网站建设，是推动大学生思政教育主题网站建设迈向科学化、法制化、规范化发展的重要一步，是实现主题网站可持续发展的关键一环。建设大学生思政教育主题网站建设和管理的长效工作机制，主要应从以下几方面做起。

① 要有组织保障。院校的党组织、行政部门以及各工会等都应参与到网站的建设中，只有各相关部门沟通协作，才能促进思政教育工作的有序开展。要做到统一规划思政教育工作，统一指挥和调派，统一由相关部门检查工作。

② 建立健全规章制度。规章制度是大学生思政教育主题网站安全管理中的一项重要内容，它应贯穿于系统正常运行的始终，应进一步完善网络管理的法律法规，全面推进大学生思政教育主题网站规范化、法制化和制度化建设，维护主题网站的安全。

③ 建立主题网站评估体系。根据大学生思政教育的目标对主题网站进行深入、全面、仔细的评估，通过可行的技术手段，系统地检验网站建设和发展的水平与层次，并判断其现行状态及价值作用，进而通过评估不断促进主题网站建设的优化和完善，增加主题网站的教育价值。通过评估，我们可以对现阶段的网站建设情况有一个大概的了解，并可以在此基础上对网络思政教育的发展水平进行全面科学的总结。之后，再根据结果进行信息反馈和目标调整，以促进网站建设的不断改进，强化教育功能和实效。

④ 构建长效的保障机制。要实现大学生思政教育主题网站建设的有序进行，就必须要有人力、物质以及环境等三方面的保障。首先，高校应抓紧人才队伍建设，要培养一支专兼职相结合、政治理论水平高、信息技术运用能力强的主题网站建设管理队伍。其次，要拨出一笔专门用于思政教育网站建设的资金，以增加设备投入和更新，加大网络技术的创新研发。最后，要放眼于校内外整体大环境，对校内外的各种社会资源进行有效的整合，促进大学生思政教育主题网站的不断补充和完善。

二、依靠即时通信进行大学生思政教育

（一）即时通信概述

1. 即时通信的概念

即时通信是一种综合性的通信工具，它主要具有以下几方面的特征：

（1）以多种信息沟通为主要目的。

（2）以软件为具体执行手段。

（3）以互联网平台和移动通信平台为依靠。

（4）成本低、效率高。

即时通信是一种通信主体利用互联网技术进行信息传递的终端软件，它可以实现通信主体的相互沟通和交流，能够增强人与人之间的密切联系。当前，即时通信已经成了一种人们在互联网上进行沟通交流的主要方式。相关数据显示，到 2011 年我国即时通信用户已多达 4 亿。即时通信在我国迅速发展开来，不管是老牌的 ICQ，还是国内用户量第一的腾讯微信，以及微软的 Windows Live Messenger，都引起了人们的广泛关注。人们通过这些软件就可以进行在线的交流和沟通，极大地扩展了人们的交友圈，促进了人们之间的交往。当今新媒体发展迅猛，与此同时即时通信也发展得更为方便、快捷，内容和形式也更加丰富。而目前它已不再只是一个聊天软件，更是发展成了一个集多种功能为一身的综合化信息平台，极大地满足了大学生对即时通信的需求。

2. 即时通信的传播特点

（1）信息实时交互传播。即时通信的最大特点是实时交互传播。人们可以利用即时通信进行在线同步交流。若是好友或群成员不在线，那么用户发送的文本信息将会在系统服务器当中实现自动保存，最后进行异步传播：在这一过程中，参与的双方既是传播者，也是接收者，彼此之间可以通过多种多媒体手段进行沟通和交流，且能即时回应，可以为人们营造出面对面交流传播的效果。在即时通信中，可以加入某些新兴的交流方式，以使交流过程更加具有趣味性和生动性。

（2）接近真实的交流情景。即时通信打破了时空的限制，即使相隔千里也能实现交流互动，就像在眼前交流一样，这不仅拉近了人们的空间距离，而且拉近了人们的心理距离。此外，即时通信利用文字、视频和音频等，可以为人们的交流营造出一个全新的、仿真的面对面的传播情景，这是在 Web2.0 时代产生的全新的传播环境。可以说，因为即时通信的广泛使用，电子邮箱的使用率显著下降。

（3）平等的传播方式。我们不难发现，在现实生活中人与人之间的交流常常会受到身份、地位和阶层等多方面因素的限制。而即时通信则能带领人们跳出这些围墙，它能将身份、地位、阶层不同的人带到一个同一传播情景之中，为交流的双方搭建一座桥梁。即时通信极大地打破了现实社会的角色划分，在这种虚拟的交流环境下，人们的社会身份变得模糊，有效地消减了人们的心理障碍，减弱了人们在交流时的紧张感和戒备心，使双方交流更加通畅而随意。交流双方相隔千里、身份地位千差万别，也能互相大胆表达自己的想法和认识，没有了现实因素的限制，大大地满足了传播活动参与者的心理需求。

3. 即时通信的传播功能

即时通信的传播功能，可以从范围、内容、类型、时效等几个维度来进行考量。从传播的时效方面来看，即时就是即时通信最显著的特点，因而它最主要的功能就是即时的文字、视频和音频聊天。即时通信能显示联络人的信息名单，还能显示联系人是否在线。人们只需将要输入的内容在本地端按下送出键（Enter 或是 Ctrl+Enter），就能将这一信息即时地发送给对方，正因为如此，即时通信成了最方便快捷、近乎同步的信息传播方式。

从传播内容来看，即时通信主要是进行文字、视频、音频等方面的交流，其中文字传播是其主要的传播内容。用户能够将自己想要表达的内容编辑成文本信息发送给联系人，并进行双方的交流和沟通。视频交流是用户借助简易的数码摄像头和在线联系人进行聊天，视频双方可以看到对方，就好似在眼前。音频交流是用户借助语音设备与对方进行聊天和交流。

从传播类型来看，即时通信使人们之间的交往、聊天范围无限扩大，成了集人际传播、组织传播、群体传播、大众传播为一体的复合传播工具。即时通信最大限度地满足了个人对群体、群体对群体的传播需求。

从传播范围来看，即使通信的传播范围是全球性的。而且，相比那些相对公开、显性的网络传播方式，比如网络论坛博客、社区、播客等，即时通信可以说是一种相对“隐性”的“潜传播”。个人、群体乃至组织之间互相传播的信息较为私密，并不具有公开性，通常只能在传播对象之间互传，这对网络的监管来说是一个极大的挑战。

（二）利用微博开展大学生思政教育

2006 年微博问世，并在此后得到了迅速的发展，深刻地影响和改变着人们的思想和行为方式。有关数据显示，到 2010 年年底，微博的关注人数已经高达 69.0% 以上。而微博用户群众大多集中在 18 ~ 30 岁的年轻用户之间，其中占用户比例最高的是大学生用户。可见，微博已经深入我国大学生的生活和学习，在大学生中有着不容小觑的影响力。在微博盛行的今天，高校如何创新自己的大学生思政教育教学模式，已经成为当前高校思政教育工作的新课题。

1. 微博的含义及特点

（1）微博的含义

2006年，微博在美国诞生，于2009年进入中国。微博是一个能够实现信息高速传播、获取、更新和分享的平台。微博对用户的知识水平要求较低，微博用户可以通过短短几行文字分享心情、传播信息，而且也没有时间的限制。

2009年以后，我国许多门户网站都纷纷开始进行微博服务。此外，我国还产生了网改版的第三大社交网站，且其用户基数已经超过1200万人。相关调查结果显示，近几年来微博发展迅猛，用户人数只增不减，现今已经高达数亿。微博所具有的独特功能和优势是它实现成功、为人们广泛喜爱和推崇的主要原因。

微博是一种互联网配置，流动性强，微博用户可以通过微博的互联网配置关注自己想要关注的人，以此了解对方详细的个人动态。此外，微博用户还可以通过微博进行话题参与，与网友一同进行问题讨论和交流，获得更多启发和建议。可以说，微博在人际交流中逐渐发展成了一种全新的社交形式。微博用户可以在微博上随时随地发布自己的所见所闻，抒发自己的所思所想，同时还可以对时事新闻和热点问题进行评价。微博能够实现“任何时间、任何地点、任何人、任何事情”的即时关注，而且微博与手机媒体等诸多特点存在高度的一致性，这也是微博能够受到广大用户青睐的最主要的原因之一。

在功能上，微博和博客有着相似之处，它们的用户都可以通过微博、博客记录生活、互动交流。在技术上，微博要比博客更为先进，微博用户能够通过多种途径发布信息；微博对用户的知识水平、文本编辑能力要求低；微博的传播更加具有即时性，只要有手机、电脑，微博用户就可以随时随地发布信息，信息发布效率高。除此之外，微博还具有快捷性和现场感，特别是发生重大事件时，微博用户可以成为新闻事件的播报者和记者，为人们提供源源不断的最新信息，让人们可以最快的速度了解事情发展的情况并参与事件讨论，如亲临现场，这是其他媒体所不能实现的。可见，微博用户与现代人的生活习惯和生活节奏是完全符合的。

（2）微博的特征

① 信息内容的随意性。微博的信息内容具有随意性，我们可以明显地观察到，即使微博用户的文字水平低，也能在微博上发表自己的意愿并获得一定的关注。微博用户能够用短短几行字或更多文字来表达自己的所见所闻、所思所想，甚至用一张图片就能表达自己当时当地的心情和状态，并将这些信息同步分享给你想分享的对象。用简单扼要的文字

就能传输信息，表达情感，这是微博所具有的特性。这种“语录体”的表达方式具有随意性，更加符合现代人不断加快的生活节奏，因此也受到了更多人的喜爱。

② 信息传播的即时性。通常来说，以前诸如报纸、广播等传统的传播媒体，其传播效率都偏低，往往要经过一段时间才能完全将信息传播开来。而微博却不存在这方面的问题，微博用户在发布信息的同时，另一方也就是关注的人就及时收到了信息并进行再一次的传播，信息可以在短时间内迅速传播出去。比如，2008 年 5 月 12 日汶川发生八级地震，传统媒体在传输灾区新闻时，新闻信息传播出来时距离事件发生已经有一定的时间了，这远远比不上微博的即时性。可以说，微博是通过几何数量级的速度进行信息的扩散传播的。

③ 交流互动的广泛性。微博系统与传统互联网应用系统相比，其最大的不同点表现在以下两个方面，第一个是转发方面，第二个是关注方面。在微博上，人们可以面向群众传播信息，进行大范围的互动和交流。同时，微博用户也能指定对象或群体进行信息传播，也就是说，信息传播者可以根据自己的需要决定自己的信息究竟发布给谁，因此，微博具有较强的针对性。除此之外，微博用户若想关注某个人，只需点击“关注”便能在之后即时获得对方的信息动态，方便快捷，可以实现信息的同步分享。

2. 微博在大学生中的现实表现

大学生年轻有活力，思维活跃，上进心强，能够自觉地投入到活动中，有较强的行动力，且社会参与意识已经得到了显著的培养和提高。而此时微博的出现，对于大学生的学习、生活和心理来说更是如虎添翼。微博所具有的特性和优势，以及大学生的自我心理表现和特征，都决定了大学生越来越信赖和依靠微博，更加愿意通过微博进行信息资源的传播和共享。

（1）微博为大学生提供了信息分享的空间。可以说，微博最核心的功能就是信息的发布和获取。在这一过程中，大学生既是信息的接收者，也是信息的发布者，他们可以通过微博即时获取和发布信息。诚然，在大学生的学习和生活中，论坛、网站也能够为他们提供信息的获取和发布服务，但是就其便捷性、交互性而言，它是远远比不上微博的。在微博上，即使微博用户的文本编辑能力弱，同样也能表达自如并获得一定的关注，不需要经过反复的语言琢磨，仅仅几行文字甚至是一张图片就能表达大学生当时当地的所思所想、所见所闻。

此外，大学生可以通过关注校园微博，来获取学校发布的各类信息，了解与自己有关的教学信息，并主动参与信息的交流和沟通。目前，我国许多高校纷纷开设了官方的校园微博，并通过微博向学生发布相关的校园管理和服务信息。比如，高校通过微博向学生传达教学相关方面的信息等，保卫部门发布各种突发事件的信息等。通过微博上登载的这些信息，大学生能够及时了解校园动态，从而地不断规范和完善自己的学习计划。

（2）微博为大学生拓展了人际交往的途径。大学生正处于身心发展的关键时期，在这一阶段，良好的人际关系能够对大学生产生有效的积极影响。当前，微博迅猛发展，微博用户剧增，我国的各个高校也都纷纷建立了社交网络，大学生的人际交往范围也正在不断扩大。大学生在微博中的人际网络主要表现在以下几个方面：第一，微博中不仅有虚拟环境下的人际关系，还包含现实存在的人际关系，而微博对这种现实性的人际关系只是提供了一个交流与沟通的平台而已；第二，微博用户通过微博实现了一种“关注与被关注”的人际关系。微博具有较强的隐蔽性，同时可以进一步地拓展大学生的交友范围，双方在进行交流时可以消除紧张和戒备心理。微博为大学生提供了一个更加广阔的交友平台，极大地增进了大学生与他人之间的沟通和交流，拉近了人与人之间的距离，扩大了人际交往范围。

（3）微博为大学生搭建了自由表达的平台。微博是一种新型的传播媒介，在微博上人们在法律与道德允许的范围内可以自由地发表自己的看法和观点，这有效地突破了一些现实条件的限制，极大地增强了大学生的言论自由。微博终端搬运手机上，大大降低了微博用户的使用门槛，刺激了微博用户的急速增长，扩大了微博的使用范围。也因此使得一些原创性的内容大大增加，不同身份、地位、年龄的人在微博上编辑自己原创的文字，人人都成了作者，使写作走进平常百姓家。不管是谁都有在微博上发表见解的权利，能够自由地与他人进行交往，避免了尴尬和紧张。人们可以针对校园、社会、国家大事发表自己的看法，与大家一起讨论和研究，激发自己的责任感。此外，微博的便捷性以及“微写作”的语言表达方式，与当今大学生的写作习惯是相吻合的，简练的语言特点，也使微博传播的互动性和时效性得到了增强。

3. 利用微博加强大学生思政教育的具体措施

微博时代的到来为大学生思政教育提供了一个新的平台，极大地拓宽了网络思政教育的领域，增强了我国高校思政教育的影响力。如何利用即时通信来加强大学生思政教育，是现阶段我们应当紧抓的一大问题。

（1）正确认识微博，树立发挥微博教育功能新理念。当前，微博在我国国内发展形势大好，它充分体现了新时代我国传播技术和手段的创新与发展，同时也体现了目前大学生思政教育的模式构建，标志着思政教育的继续扩大以及监管难度的不断加大。因此，新时期大学生思政教育必须更深入地了解微博的传播以及教育功能，充分发挥微博的特性和优势，引导和帮助大学生树立正确的人生观、世界观和价值观，进一步坚定大学生的理想信念并促使其朝着目标不断前进，进一步提高大学生的思想道德水平。

现今，以微博为代表的“微时代”已经全面降临：与此同时，它正不断地消减着传统思政教育工作者的信息传播主导权以及话语主导权。因此，新时期大学生思政教育工作者必须要改变传统的教育观点和理念，实事求是，与时俱进，发展创新思维，树立新理念和新思想。具体而言，教育工作者可以开设自己的个人微博，在这一平台上营造一个有利于发挥主流文化作用的舆论环境，通过利用先进技术实现高效的文化传播，并在这一过程中逐渐发展成为微博空间的意见领袖。同时，教育工作者应理解和包容多元的文化思想，全面了解和把握学生的心理动态，发现问题要及时疏导和解决。此外，还要多多吸收在微博上出现的体现时代性的新词汇、新语言，不断积累，以建立自己的话语体系。并将这些广泛吸收的新语言、新词汇运用到大学生思政教育工作中，使教育内容和形式更加体现亲民性，拉近与学生之间的距离，促进大学生思政教育的大众化、时代化以及通俗化发展，增强教育的感染力。与此同时，教育工作者也应当充分认识到微博的实时性和交互性，以及这两种特性带来的负面危害。微博所具有的实时性与交互性会促使负面信息的传播范围不断扩大，也因此使得其在大学生中的危害成倍增加。所以，为了防止和避免负面信息对大学生造成影响，就必须对传播的信息和言论进行深入的了解和分析，及时消灭那些潜在的不稳定因素，以不断增强大学生思政教育的时效性。

（2）积极创建微博，构建思政教育新平台。当前，微博已经成了大学生信息交换、人际交往的重要平台，在大学生的生活和学习中产生了重要的影响和作用。因此，我们可以将微博与大学生思政教育有效结合，构建一个全新的教育平台，在潜移默化中强化对大学生的思政教育，充分发挥微博的服务和教育功能。

从目前的发展情况来看，现今微博在大学生思想教育中的作用并没有得到彻底、有效的发挥，高校对微博之于思政教育的作用普遍认识不足，也没有探讨有效的微博运用路径。高校要想创建一个好的微博平台，就要深入了解和认识微博对教育所产生的影响，同时还要以积极、主动、科学的态度自觉投身微博阵地建设。要根据高校自身的实际情况，寻找切入点，通过微博宣传主流意识形态和价值观，促进大学生思政教育与微博的有机结合。此外，应在微博上实时更新校园资讯、社会资讯和热点新闻，多发布一些能够吸引大学生的内容，引起大学生关注，在此基础上充分发挥微博的功能和作用。

（3）科学使用微博，正确引领微博舆论导向。现今，微博迅速占领了大学生的学习和生活，在大学生群体中影响深远。而在发挥积极作用的同时，微博也严重影响了舆论的形成和发展，促使一些不健康、负面的信息影响了大学生的成长和发展。因此，对于微博这一新的教育平台，教育工作者应谨慎把握尺度，不断挖掘其内在的价值和优势，并认识到微博本身带有的一些弊端和影响，使微博在大学生思政教育中发挥正面作用。应通过微博发布信息并反馈舆情，探究和把握好大学生的价值取向和思想动态，引导主流文化发展趋势。

（三）利用手机媒体开展大学生思政教育

1. 手机媒体的特征

手机媒体是一种以手机上网为平台的，以手机视听终端为基础的传播媒体，是一种信息传播的媒介。人们通常称手机为“第五媒体”。社会在进入4G时代后，手机随着手机电影、手机广播以及手机电视等传播形式的出现，逐渐发展成人们生活中的一种主要娱乐方式。手机媒体作为一种大众媒体，与传统媒体相比具有方便快捷、传播能力强、信息内容丰富、互动性强、移动性强以及影响范围广等显著优势。

（1）传播速度的快捷性。手机媒体的一大优势体现在它不需要纸质媒体的承载，它通过即时通信技术将文本、视频、图片以及声音等结合起来，只要处在信号接收范围内即可接收和传播信息。智能手机媒体的出现，有效弥补了在互联网中出现的网页清晰度低、页面打开耗时长、加载困难等一系列的问题，人们通过使用手机媒体可以体会到更加流畅的视频、音频播放，更快捷的信息浏览和登载。此外，手机媒体还具有传统媒体无法比拟的便捷性，它打破了时空界限，覆盖范围更广，不管是国内社会资讯，还是国外重大事件；不管是科学文化知识，还是人类文明成果；不管是校园教学信息，还是生活小贴士等，都能在手机媒体上找到相关信息，不出家门就知天下事，为用户提供了便捷的信息服务。

（2）传播范围的广泛性。现今，随着科学技术的不断更新和发展，手机产品也得到了进一步的优化发展。目前，人们使用的手机产品，体积越来越小，更便于携带；信息存储量越来越大；功能多样化发展；外观设计更加时尚。手机的这一系列变化更加符合现代人的学习、生活和办公需求，为大众提供了更多的选择空间，应用人群日益增加。近年来，手机网上服务质量日益提高，且手机上网资费越来越低，服务越来越多样化，使得更多的人选择了手机上网。

（3）传播信息的丰富性。手机媒体的一个明显优势就是发布的信息更加具有全面性和丰富性。一方面，手机媒体传播的信息涉及各个领域的知识和内容，包含社会和人类生活的方方面面，从经济、政治、文化，到军事、科技、教育，可谓是应有尽有。此外，一些新闻、艺术、娱乐、财经方面的信息，以及国内外实时资讯和热点新闻等都通过手机媒体迅速传播开来，使人们第一时间接收和了解信息。这些信息纷纷以文本、图片、音频以及视频等各种形式存储于一定的媒介当中。另一方面，手机媒体的交流方式也向多样化方向发展。人们可以在手机媒体上搜寻资料并展开与他人的交流和讨论；可以在手机媒体上向他人提问，并为他们留言解惑，共同探讨问题；可以在网络上自由发布自己所得信息，进行信息资源共享。

（4）传播受众的互动性。手机媒体与传统媒体的一个最大区别就在于，手机媒体这一交流平台更具有互动性。通过手机媒体这一交流平台，人们只需轻轻一点就能够发送信息、发表评论、浏览新闻、视频聊天等，这是传统媒体所不具有的特殊性能和优势。在手机媒体上人们更加具有主动性，能够随时随地与他人进行双向的沟通和交流。手机媒体使手机用户同时成为信息的接收者和传播者，它打破了传统媒体传播的单向性，实现了信息的双向互动，更受人们喜爱。例如，手机用户可以通过手机接收和浏览实时资讯和热点新闻，了解身边事和天下事，并在此基础上参与互动和评论，发表自己的见解和看法。

2. 手机媒体对高校思政教育的影响

现今，手机媒体已经渗透到社会生活的各个领域，深刻地影响和改变着人们的行为习惯、思维方式、价值取向以及道德要求。手机媒体的迅速发展，给人们带来了许多便利，同时也为大学生的思政教育带来了新的机遇和挑战。

（1）手机媒体给高校思政教育带来的积极影响。与其他媒体相比，手机媒体具有传播成本低、传播速度快、传播范围广、即时互动性强等多方面的优势，在大学生中大受欢迎，逐渐成了大学生获取和收集信息、资料的重要渠道，使大学生思政教育得到了进一步的深化和拓展。

① 拓宽了高校思政教育信息的获取渠道。手机媒体使人们足不出户就能获取想要的信息，大大提高了大学生获取信息资源的效率。手机媒体在大学生群体中使用率高，且功能性强，想要进一步拓展大学生思政教育的信息获取渠道，拉近与学生的距离，就必须将大学生思政教育与手机媒体结合起来，充分发挥手机媒体的教育功能。

第一，高校可以建立以大学生思政教育工作者、教师、学生以及政工领导为主要成员的庞大的联络网和信息网。建立手机 QQ 群、微信群、手机微博，密切与学生之间的联系，时刻关注学生的思想动态，对大学生的思想信息进行跟踪指导。与此同时，也可以成立一个网上学习小组，在小组中定期或不定期地开展大学生思政教育活动，加强大学生之间的思想文化交流，引领学生自觉接受和参与思政教育。

第二，高校应有效地利用手机媒体，深入挖掘大学生思政教育下潜在的教育资源和信息，创新教育观念，打破传统的教育模式，以增强高校师生的互动性为主，构建思政教育的双向虚拟交流平台，为大学生营造一个自由、轻松的学习环境和氛围，使其自觉地投身于学习实践，主动地接受大学生思政教育。手机媒体可以实现信息交流的互动性和开放性，大学生在这一平台上可以得到较大的自由和平等，这样可以进一步激发他们学习的主动性和积极性，有效培养大学生对社会、自然以及世界的思考和感知能力，大大提高大学生思政教育的实效性。

② 提高了高校思政教育的效率。大学生思政教育的成效，取决于受教育者的参与程度及其对教育者的信任程度。如何进一步提高受教育者的参与度，降低大学生思政教育信息传播的时间与成本，是现阶段大学生思政教育面临的一个主要问题。而目前，手机媒体由于操作简单、功能齐全，深受大学生的信赖，并成了他们学习和生活的“亲密朋友”。而在大学生思政教育中，教育工作者充分运用手机媒体，可以迅速拉近与大学生的距离，深入大学生的情感世界，增强信任度。同时还能消减一些烦琐的网络思政教育操作，增强教育形式和手段的可操作性和可移动性，可以大大缩减教育信息的传播成本，并减轻思政教育在费用、空间、时间上的巨大负担，有利于提高大学生学习的自主性。

③ 增强了思政教育的主动性。现今，手机媒体迅速发展，功能更是丰富多样，人们不仅可以通过手机媒体收、发信息及聊天通话，同时还可以进行视频、语音、收发邮件以及无线宽带联网。手机媒体大大拓宽了大学生的交往范围，开拓了他们的视野，同时还拉近了大学生思想教育中教育双方的距离，使教育者更加了解大学生的思想动态，有利于教育者进一步开展思政教育活动，引导大学生发展成长。

④ 丰富了思政教育的手段。手机媒体集多媒体于一身，现今已经发展成一种独具优势的教育新载体，大大地满足了高校教育发展的需要以及大学生的个性化需求。手机媒体为大学生多样化的学习渠道和需求提供了强有力的技术支持，使大学生思政教育更加具有活力，更加深入人心，极大地增强了教育的感染力和实效性。

（2）手机媒体给高校思政教育带来的消极影响。与传统媒体相比，手机媒体在信息的传播内容、传播范围、传播速度、交流互动性以及便捷性等方面具有更大的优势，在大学生中影响深远。但是，手机媒体在给大学生的生活和学习带来便利的同时，也给大学生造成了一些负面、消极的影响。

① 影响了思政教育对象的生活和思维方式。在生活中我们不难发现，有很多大学生沉溺于网络而忽视学习。这些大学生每天所思所想的都是上网，他们将大量的时间花在了网上，充耳不闻天下事，在现实中，与身边的人沟通和交流较少，长此以往就会导致大学生在现实交往中产生交流障碍。而这种现实交流的弱化，也会进一步导致大学生独立人格的形成受阻。此外，手机媒体具有虚拟性、隐蔽性，大学生可以自由地在网络上发布言论、传播信息，这种自由有时会趋向过度自由化，使得大学生丧失了行为标准，是非分辨能力下降，在网络上毫无顾忌、肆意散播不良信息。而与此同时，有些大学生会将现实情绪带

到网络上，在网络上只顾发泄不满，恶意诽谤、批评、传播，完全不考虑可能造成的影响和后果，而这些都有可能给其他用户造成不良影响，阻碍大学生的全面发展和健康成长。

② 增加了思政教育的难度。手机媒体能够有效打破时间和空间的限制，这是手机媒体比较明显的特点和优势。而手机媒体的这种无屏障性，大大加深了其复杂性和不可控性，这给大学生的思政教育造成了一定的难度。

在多种多样、海量的网络信息面前，大学生对不良信息的抵抗和防御能力较低。手机媒体能够实现自由地收发信息，却不能有效地选择和过滤虚假、落后的不良信息，这使得各种反华言论、威胁社会稳定、破坏国家法制建设的不良信息出现在手机上，对大学生的成长发展危害极大。

③ 冲击了现有的思政教育模式。目前，大多高校采用的思政教育模式都是教育者对学生进行课堂讲授、座谈讨论以及一对一谈心。这种教育模式往往会受时空的限制，同时受教育者也相对有限，教学模式单调，受教育者也过于被动。而手机媒体具有便捷性、即时性、私密性、受众广等特点，能够较好地弥补现行教育模式中的一些缺陷和不足。就目前而言，手机媒体发展迅速，而大学生思政教育的发展却并未与其保持同步，教育改革还相对落后。尤其是现在一些有关大学生思政教育的教育理念、教育目标并不具有一定的前瞻性，这就导致了现在很多高校以及相关的教育工作者对新媒体环境下的大学生思政教育认识不足，进而使得大学生思政教育处于被动地位。

3. 运用手机媒体开展思政教育的有效措施

手机媒体为大学生思政教育提供了一个全新的教育平台，提供了更加丰富的教育资源和信息，是思政教育信息的集散地和社会舆论的放大器。因此，高校必须充分认识到当今时代手机媒体对大学生思政教育的积极作用，通过手机媒体，主动弘扬和传播社会主义文化，进一步开拓思政教育的前沿阵地和广阔空间。

（1）重视手机媒体的作用，增强引领的导向性。高校是教书育人的重要场所，在人才培养中不仅要重视教育的互动性和针对性，同时还要注意传播媒体的导向性和理论性。应当深入了解受教育者的思想状况、道德水平以及认知能力，要把握好教育的方法和节奏，逐渐引导大学生树立远大的理想信念，提高思想道德境界，形成正确的人生观、世界观和价值观，以此进一步提高大学生思政教育的实效性。提高高校思政教育在新媒体环境下的实效性应当通过两个方面进行；一是建立高校范围内的短信平台；二是建立全社会范围的信息平台，提高大学生获取信息的效率。

（2）聚焦大学生主体地位，倡导健康文明的手机文化。当代大学生年轻有活力，朝气十足，他们思维活跃，有强烈的主体意识和自我意识。有时他们也会表现出一副特立独行、唯我独尊的姿态，然而内心却渴望被理解、被尊重和被认可。这就要求思政教育工作者要充分发挥大学生的主体作用，尊重大学生的主体地位，使大学生思政教育活动紧紧围绕和依靠大学生展开。手机媒体具有较强的私密性、隐蔽性，它能够较好地消除一些大学生的抵触心理，减轻大学生在受教育过程中的紧张感和压迫感，使大学生能够拨开云雾主动观察，进一步密切教育双方的联系，满足大学生对开放、平等、自由的交流和学习方式的需求。手机媒体的双向互动交流模式，拉近了在传统思政教育模式下被客观放大了的师生距离，建立起信息双向交换的互动平台，从而达到思政教育最为积极的效果。

（3）建立宏观监控管理，提高手机媒体的社会责任感。众所周知，手机媒体中传播的信息量巨大，这其中包含一些正面、有效的信息，同时也夹杂着许多不良的、虚假的、有害的信息，而这些信息容易导致人际交往中出现信任危机，人们之间的信任度下降。因此，对手机媒体实施必要的监督管控，建立宏观监管机制是十分必要的。一方面，手机媒体行业必须加大自我管理和自我监督的力度，进一步完善行业自查机制。另一方面，还要进一步提高社会责任感。政府部门应加强手机媒体行政管理机制的建设和完善，全面提高手机媒体领域的法律意识、道德意识以及社会责任意识，进一步规范手机媒体的应用和实践。

三、利用易班网络平台进行大学生思政教育

（一）易班网络的概念

上海市教委以系统网络文化发展研究中心为依托实现网络文化建设项目。易班是一个虚拟平台，它的主要对象为我国的高校教师。易班具有多种功能，主要包括邮箱功能、BBS功能、博客功能等。易班译自E-class，它是一个以大学生为范围的大学生实名互动平台，互动性强、注册率高是易班的主要特点。目前，易班已经渗透到了上海的每一所高校以及职业教育当中，注册易班的实名用户已经高达数十万，并且还在持续上涨。上海易班得到了教育部门的积极鼓励，获得了社会的广泛关注，易班为大学生提供了一个更广阔的沟通和交流平台，在大学生思政教育中发挥了重要作用，并有效地提高了思政教育的实效性。易班为何能取得如此大的成功？这主要在于互联网几乎覆盖了全国的高校，这是促进易班发展的一个重要原因；而另一个原因是易班本身的内容建设也正在不断完善和发展，这使得更多的大学生开始参与到易班中去，并由此获得了更多的肯定和关注。

易班网络已成为我们进行思政教育的先进平台，也是促进高校网络思政教育改革创新的主要举措，但如何发挥其应有的作用还值得我们做深入的思考。

（二）运用易班网络进行思政教育的背景

当前网络环境下，大学生思政教育工作者必须牢牢把握不断变化着的思政教育的主体、客体、内容及目标等要素的性质与特点。

1. 易班网络的功能与特点

易班的主要使用对象是高校的教师与学生，它是一个虚拟的网络社区，主要是为了在社会网络环境下服务、凝聚和教育学生。高校辅导员、学生和教师可以通过易班来进行信息的互动和交流，它具有即时性、隐匿性、开放性、虚拟性、互动性等特点。

2. 网络思政教育的迫切性

我国大学生思政教育主要包括五个方面，即政治观教育、法制观教育、人生观教育、世界观教育以及道德观教育。而在当前的网络环境下，这些理论观念无一不受到强烈的冲击甚至是抛弃。在多元文化背景下，针对大学生的价值选择，我国高校思政教育应快速占领网络阵地，全面践行大学生社会主义核心价值观。

3. 生存于网络中的大学生的特点

在网络环境下，各种社会思潮相互激荡，大学生对此表示十分欢迎，因为这使他们拥有了更多的自由和空间。但是，面对庞大的信息库和各种社会文化思潮的冲击，大学生也会表现出茫然，无所适从。在网络环境下，原有的观念体系被彻底打破，迫切需要对大学生的价值取向进行及时、正确的引导，使其主动向社会主义核心价值观靠拢。

（三）探讨使用易班网络进行思政教育的方法与途径

易班是大学生进行交流互动的一个重要平台，它为大学生思政教育提供了极大的便利，为大学生思政教育工作提供了新的手段、拓展了新的空间。正因为如此，教育工作者必须全力挖掘和发挥易班网络的作用，使其更好地为大学生思政教育工作服务。

1. 以精彩的网页吸引学生

建立精彩的个人主页“软装修”——装饰空间是发挥好易班网络的思政教育功能的一个重要方式。在不同的节日里选择不同的装饰空间，能够使大学生产生耳目一新的感觉，能够增强网页对学生的吸引力，从而进入个人主页，浏览网页信息。教育工作者应重视网页内容的丰富多样性，应定期或不定期地发布一些教育信息以及相关文章，也可以发布一些时事热点和新闻资讯及其个人见解，与学生进行讨论，使个人网站不仅具有政治性、理论性，还具有思想性和趣味性。

2. 使用易班班级开展思政课教学

在大学生思政教育工作中，理论课教学是其中的一个重要组成部分。教育工作者应从教学实际出发，加强对易班的有效利用，进一步强化对大学生的思政教育。

（1）在班级话题栏公布教案。在正式的课堂讲授之前，教师应提前将章节教案在易班上进行公布，并要求学生在课前了解本课的教学目的、教学内容、教学重点和难点以及教学方法；同时，还要将学生对教案的意见融入易班教学当中，从而提高高校思政教育工作的时效性。

（2）利用班级进行讨论。与传统讨论模式不同，易班班级讨论打破了时空限制，人人都能自由、平等地发表自己的意见和看法。教师在讨论之前，应当紧密地结合教学内容，精心地设计教学话题，从而吸引大学生深入话题中进行讨论。

（3）布置、收缴与批改学生作业。通过网络，大学生可以随时随地搜寻信息，而教师也能够随时随地批改作业，查阅信息，查看学生的作业完成情况，这极大地简化了教师的教学步骤，提高了教师的工作效率。

3. 使用易班微博关注大学生思想动态

教师应当充分利用易班这一有效平台，全面了解和把握大学生的思想观念、情感状态以及兴趣偏好，从而提高大学生思政教育的针对性和有效性。

（1）勤于发现问题。在自由、开放、隐蔽、私密的网络环境中，大学生通常更容易表现自我、展示自我，也更容易表达自己内心真正的情绪和想法。而这更有利于教育工作者了解大学生，及时发现大学生的学习、生活以及思想心理上存在的问题，并及时解决问题。

（2）善于激发兴趣。教育工作者应当善于利用热点问题激发大学生兴趣，形成话题讨论。这不但有利于调动大学生学习的积极性，还能激发大学生的讨论热情以及表现自我的欲望。

（3）精于处理问题。大学生思政教育工作者应当及时处理大学生关切的问题，将大学生的共性与个性结合起来，通过讲“大道理”与讲“小道理”相结合的方式对大学生进行思政教育。

（4）使用易班博客进行思政教育总结。思想政治工作总结是思政教育工作者对工作方法的反思和工作效果的分析，是一种教学经验的积累。教育工作者可以通过易班网了解学生对课程的看法，并进行自我工作的总结和反思，从而不断地改进教学方法和教学手段。

第六章 新媒体视角下大学生思政教育的创新探索

第一节 构建线上与线下协同育人新机制

一、不得不说的 O2O 模式及其启发

教育的革新往往都来源于生产生活先行先试的商业模式变革与创新，思政教育亦不例外。因此，进入新媒体时代，思政教育工作的创新与探索，迫切需要广大思政教育工作者运用“互联网 +”思维，大胆学习借鉴移动互联网时代先行先试的商业模式的变革与创新。而要说商业模式的变革与创新，就最近几年来看，就不得不说说 O2O 了。

2012 年可谓是中国 O2O 元年，无论是成熟的传统企业、如火如荼的电子商务企业，还是以电信、银行、娱乐等为代表的与民生相关的企业，都在探索和践行 O2O 模式，因为 O2O 中孕育着极富创新性的人本理念和商业新思维。O2O 这个概念是 2011 年 8 月由 Alex Rampell 提出来的，英文为 Online to Offline，简称为 On to Off（O2O），即将线下商务的机会与互联网结合在一起，让互联网成为线下交易的前台。这样线下服务就可以用线上来揽客，消费者可以用线上来筛选服务。还有成交可以在线结算，将线上与线下各自的优势形成了互补，从而得到迅速推广，并很快形成了日益完善的具有商业运用价值的 O2O 模式。

O2O 模式有三个特点：一是交易是在线上进行的（在线支付）；二是消费服务是在线下进行（如实体店、体验店）；三是推广效果可查，每笔交易可跟踪，营销效果是可监测的。对于用户而言，O2O 模式的优势在于：可获取更丰富、全面的商家及其服务的内容信息；更加便捷地向商家在线咨询并进行预售，获得相比线下直接消费较为便宜的价格。对于商家而言，O2O 模式的优势在于：能够获得更多的宣传、展示机会吸引更多新客户到店消费；推广效果可查、每笔交易可跟踪；掌握用户数据，大大提升对老客户的维护与营销效果；通过用户的沟通、释疑更好地了解用户心理；通过在线有效预订等方式来合理安排经

营，节约成本；对拉动新品、新店的消费更加快捷；降低线下实体对黄金地段旺铺的依赖，大大减少租金支出。对于平台而言，O2O 模式的优势在于：一、与用户日常生活息息相关，并能给用户带来便捷、优惠、消费保障等作用，能吸引大量高黏性用户；二、对商家有强大的推广作用及可衡量的推广效果，可吸引大量线下生活服务商家加入；三、数倍于 C2C、B2C 的现金流；四、巨大的广告收入空间及形成规模后更多的盈利模式。总体而言，O2O 的优势在于把线上和线下的优势完美结合。通过网络导购平台（网站、终端机），把互联网与地面店完美对接，让消费者在享受线上优惠价格的同时，又可享受线下的贴心服务，从而实现“互联网 +”的落地生根。同时，O2O 模式还可实现不同商家的联盟联营。

（一）O2O 模式充分利用了互联网跨地域、无边界、海量信息、海量用户的优势。同时充分挖掘线下资源，进而促成线上用户与线下商品与服务的交易，团购就是 O2O 的典型代表。

（二）O2O 模式可以对商家的营销效果进行直观的统计和追踪评估，规避了传统营销模式推广效果的不可预测性，O2O 将线上订单和线下消费结合，所有的消费行为均可以准确统计，进而吸引更多的商家进来，为消费者提供更多优质的产品和服务。

（三）O2O 在服务业中具有独特优势，比如价格较便宜，购买更方便，折扣信息等能及时获知。

（四）O2O 模式将进一步拓宽电子商务的发展方向，使其由规模化走向多元化，进一步创新发展。

（五）O2O 模式打通了线上线下的信息和体验环节，让线下消费者避免了因信息不对称而遭受的“价格蒙蔽”，同时实现线上消费者的“售前体验”。

（六）O2O 模式让线上的流量及数据得到充分利用，从而提高转化率，与客户建立信任等。

当前最流行的 O2O 产品模式有两种。一种是 search 模式，典型产品如“大众点评”，使用场景是：当你不知道要吃什么的时候（可能你到了一个陌生的地方、可能你陷入选择困境），你可以通过大众点评搜索一个你不熟悉的店铺，然后去消费。

另一种是 coupon 模式，典型产品如麦当劳优惠券、维络城、团购、Q 卡等，就是给你提供打折券和抵用券，吸引你去消费。微信会员卡虽然叫会员卡，它提供的只是打折优惠，所以也属于这个范畴，只是换了一种形式。

这两种模式，其实都可以归为一类，就是“多多益善”。作为商户，他们在使用 search 或者 coupon 服务的时候，其营销诉求一定是“让更多人知道我”“让更多人来尝试我，然后成为我的忠实客户”。这些诉求的背后，泄露出的本质诉求是：我要更多的客户数。

O2O 商业模式给予思政教育工作者最大的实践启发就是，要充分利用新媒体，将思政教育线下育人与线上育人结合起来，探索形成线上与线下协同育人的新机制、新模式。

二、当前高校线上线下教育的态势及问题

高校完备的互联网基础设施建设与个人电脑、平板电脑和智能手机在高校大学生中的普及，从技术层面上消除了现实物理世界和网络虚拟世界的边界，使当前以“00 后”为主体的大学生网络生活日益丰富（网上购物、虚拟社区等），并与现实生活相互渗透、日益融合。面对这种新情况，高校思政教育工作者如何既关注大学生的现实生活，又关注网络生活，在开展线下教育的同时也要开展线上教育，形成线上线下协同育人的工作格局，从而更好地提高大学生思政教育的针对性、实效性和覆盖面，显然是当前我们面临的一项重大而现实的课题。

近年来，各高校着眼于加强和改进大学生思政教育工作，大力实施线上与线下思政教育，取得了长足发展和一定成效，在总体上保持着持续发展的良好态势。尤其是作为高校思政教育主力军的辅导员队伍，除了在第二课堂上积极开展社会实践活动、党团学组织建设、校园文化建设等传统思政教育阵地之外，还积极占领和拓展了网上思政教育阵地和空间，初步实现了思政教育线上线下全覆盖。如今，各高校都有了大学生思政教育主题网站、官方微信或官方微博，如广西师范学院开设了“红水河”思政网站、广西民族大学开设了“相思湖”网站等；许多高校的思想政治理论进网络工作也取得了实质性的进展，思想政治理论课以网上精品课程、网络课程、精彩教学视频等形式被搬到了网上；传统思政教育在实践中也越来越注重吸取现代信息技术的长处，日益向多媒体化、数字化发展；作为大学生日常思政教育主要实施者的辅导员，更是充分利用博客、微博、QQ 空间、QQ 群、手机报、BBS、电子邮箱等新媒体延伸思政教育的触角，拓展大学生思政教育的内容与空间，积累了丰富的实践线上线下对接互动的经验。

尽管当前大学生思政教育线上线下育人工作格局已经形成，也取得了不错的成效，但从总体上看，两者还存在一些不协调的问题，主要体现在以下三个方面：

（一）在教育观念、理念上还存在一定的片面性

有些思政教育工作者过分夸大了网络思政教育的作用，认为掌握了网络思政教育这一法宝，就可以“一网天下”，就可以完全掌握青年大学生，因而把高度重视甚至把主要精力放于线上思政教育工作中，而忽视或轻视线下的思政教育。比如有些辅导员或班主任认为有了网络，就不太愿意或认为没必要再进行面对面的谈话谈心或深入宿舍走访调研了。另一些思政教育工作者则恰好相反，固守思政教育的传统观念和模式，以年龄大跟不上年

轻人为借口，不愿意学习现代信息技术及新媒体技术，更懒于用这些技术来提升思政教育的技术含量和工作效率，日益走向自我封闭或故步自封的境况。思想为行动的先导，因此，要推进大学生思政教育线上线下协同育人，首先必须抛弃这两种片面的观念和理念，用理性的眼光来看待传统思政教育与网络思政教育的优缺点及其相互依赖依存的辩证关系，从而为实现线上与线下的大协同奠定坚实的思想基础。

（二）在教育体制机制建设方面存在一定的滞后性

要实现大学生思政教育线上线下协同育人，没有相应的体制机制支持是难以实现的。然而，目前不少高校仍存在对线下教育制度的制定较为完善到位，但对线上教育制度的制定则很不完善，存在明显的滞后性。这种滞后性还表现在线下线上各自为政，缺乏协调与协同，甚至有些高校仍搬用传统思政教育的模式来管理网络思政教育。从当前网络思政教育与传统思政教育协同育人的实践需要出发，我们急需紧紧抓住加强规划、完善制度、规范管理、充实队伍这四个关键环节，立足于构建有利于促进线上与线下协同育人的长效机制。笔者认为，构建高校线上线下协同开展思政教育的长效机制，当务之急是在校党委的统一领导下，充分调动学工、宣传、团委等党政系统与思想政治理论课教师、辅导员、班主任的积极性，通过构建完善的制度、机制，形成线上、线下思政教育各个构成要素相互联系、相互制约、相互作用的联结方式，实现“线上”“线下”思政教育科学化、制度化、规范化、经常化，达到线上线下思政教育真正意义上的协同作战，长期发挥育人功能的目的，使线上线下协同育人成为当前大学生思政教育的重要实践方式。

（三）在教育主体之间、教育资源调配等方面缺乏协同性

所谓协同，就是指协调两个或者两个以上的不同资源或者个体，协同一致地完成某一目标的过程或能力。协同不仅包括人与人之间的协作，也包括不同应用系统之间、不同数据资源之间、不同终端设备之间、不同应用情景之间、人与机器之间、科技与传统之间等全方位的协同。有效的协同才能产生协同效应，产生“1+1>2”的效应。大学生思政教育是一项庞杂的系统工程，需要各教育主体、各教育资源之间相互配合与协同。虽然当前许多高校都开展了线上线下思政教育，取得了一定的进展和成绩，但从总体上而言，还远未达到真正意义上的线上线下协同育人，因而也没有实现“1+1>2”的教育效果。究其原因，主要是高校各教育主体尚未形成协同开展线上线下教育的意识，或缺乏相应的技能，或缺乏相应的政策引导等；另外，一些高校在教育资源调配方面也存在一些问题，没有给予线上线下协同育人足够的资源支持。

出现以上问题，表明我们对新媒体时代背景下大学生思政教育的发展趋势——线上线

下协同育人还缺乏清醒的认识，这需要我们从理论与实践两个层面来加以探析。

三、高校线上线下协同育人的必要性

所谓大学生思政教育线上线下协同育人，在本书中主要是指在实施大学生思政教育过程中，针对“线上”和“线下”两种不同的教育环境，运用“线上”和“线下”两种不同的教育手段，整合利用“线上”和“线下”两种不同的教育资源，协同一致地完成高校既定的育人目标的方式或过程。其实质是网络思政教育与传统思政教育两种模式相互配合形成合力的育人实践过程。

唯物辩证法告诉我们，任何客观存在的事物都有两面性，即有正有反、有优有劣，两者既相对立又相统一，因此要一分为二地来看待。从大学生思政教育线上线下协同育人的实施来看，其主要基于两种手段的运用，即“线下”教育手段——主要是传统的思政教育和“线上”教育手段——主要是网络思政教育。这两种教育模式，都有其不同的适用范围，都各有各的优势和强项，也各有各的劣势和弱项。

一般意义上的大学生思政教育传统模式，采取的是学校抓院系、院系抓年级、年级抓班级，以思想政治理论课教师、相关行政人员、辅导员、班主任等为主要力量，以思想政治理论课的第一课堂教学灌输为主渠道，以辅导员、班主任的第二课堂渗透为日常教育渠道，以班级为主要依托，以教室为主要阵地，以课堂教学、集体活动、社会实践为主要形式的自上而下、层层传递的相对封闭的教育模式。这种模式的主要特点是教育者与受教育者界线较明显，通过“人—人”，即人（教育者）与人（受教育者）面对面的接触和互动，着力于解决现实生活中大学生成长成才的思想问题和实际问题。思政教育者通过与受教育者——大学生进行面对面的近距离接触与交流，更容易对大学生察言观色，据此采取更有针对性和灵活性的教育措施，从而更容易确保和发挥思政教育工作者在教育中的主导作用，尤其是在社会实践、体验式教学、团队活动等领域具有网络思政教育无可替代的优势。这种模式的不足也较为明显：从教育主体——教育者来说，由于时间、精力有限，只能以一对多的教育方式为主、以一对一的教育方式为辅，这就在很大程度上制约了教育的影响面和效率；从教育客体——大学生来说，面对面固然容易增强真实感和亲切感，但对于涉及个人隐私或性格较内向的大学生而言，他们多数更愿意通过虚拟或匿名的方式进行，这显然是网络思政教育的强项，而恰是传统思政教育的弱项；从教育方式——实施机制来说，教育者自上而下地实施教育，互动性不足，尤其是说教式的教育，容易引起受教育者的反感，从而影响教育成效。

而大学生网络思政教育，作为有别于传统思政教育的新模式，它是以互联网为主要依托，以校园网、主题网站、博客、微博、QQ空间、QQ群、手机报、BBS、电子邮箱等为平台和载体，占领网上思想政治阵地，唱响网上主旋律，通过思想引领、理念渗透、精神塑造、美文激励等多种方式，构架起一个资源丰富的开放互动和平等的网络教育空间。这种模式的主要特点是教育者与受教育者界线不明显，甚至是可以互换的，通过“人—机—人”，即人（教育者）通过网络终端（计算机、平板电脑、手机等）建立与人（受教育者）的联系与互动，有人称之为“键对键”式接触，着力于解决网络生活中大学生成长成才的思想问题和实际问题。由于网络具有功能的多样性、内容的广泛性、速度的快捷性、环境的开放性、使用的普及性、作用的双重性等特点，使得大学生网络思政教育具有显著的优势，同时也有明显的局限性。其主要优势体现在：从教育主体——教育者来看，由于网络上没有上下级或师生关系，大学生们更愿意敞开心扉、吐露真言，从而为思政教育者更深入地了解大学生进而为提高工作针对性奠定了坚实的基础；从教育客体——大学生来看，由于网络世界的平等性、多媒体性、趣味性等特点，受教育者更能调动其主体意识和积极性参加到教育活动中，有利于提高教育的质量和效率；从教育方式——实施机制来看，由于网络的普及化及信息随时随地的传递，使得教育主客体之间实现了一对多、一对一、多对一的相互渗透与互动交流，从而能够最大限度地发挥思政教育的覆盖面和影响力。当然，网络思政教育也有其局限性，其中最大的局限就是网络生活永远代替不了现实生活，它只是现实生活向网络延伸或进一步丰富现实生活而已。因此，网络思政教育“键对键”式接触永远取代不了“面对面”式接触，尤其是在社会实践、团队活动、体验式教学等领域，网络思政教育只能依靠线下的思政教育活动来提供素材和保障。

由此可见，网络思政教育与传统思政教育这两种模式各有优缺点，但它们共同统一于现代思政教育的实践之中，形成了优势互补、相辅相成的紧密关系。尤其是在网络时代背景下，你不掌握线下的，就做不好线上的；你若不掌握线上的，也难做好线下的。可以肯定地说，没有线下的思政教育，线上的思政教育就如空中楼阁，最终走不了多远；同样，没有线上的思政教育，线下的思政教育效果肯定大打折扣，难以适应网络时代条件下的大学生思政教育面临的新挑战。因此，将两者结合起来，实现大学生思政教育网上网下协同育人，实现“1+1>2”的教育效果，就成了高校思政教育者加强和改进大学生思政教育的内在要求，也是今后大学生思政教育发展的必然方向。

四、高校线上线下协同育人的模式选择

在当前网络化条件下，面对网络生活与现实生活日益融为一体的00后大学生，高校必须加强线上线下协同育人工作，这是大学生思政教育的大势所趋。因此，我们要顺应这

一趋势，立足长远，在着力解决上述观念理念、体制机制和缺乏协同等问题的同时，还要努力探索适应各高校具体实情的大学生思政教育线上线下协同育人的可行模式，这显然是高校思政教育工作者的当务之急。由于线上思政教育与线下思政教育都有各自更适合发挥其优势的领域，也有其弱项，因此，要做到线上线下形成合力，达到协同育人之目的，高校思政教育工作者必须先学会选择有利于优势互补的协同模式，并具体到教育中加以实施。在近几年来的大学生思政教育工作实践中，我们探索形成了四种协同模式：

第一种是以线下为主、线上为辅的协同模式。在线下思政教育能够发挥优势的领域，比如第一课堂的思想政治理论课教学、社会实践活动、素质拓展活动、体验式教学活动等，得由线下思政教育来唱主角、线上思政教育来唱配角。通过把线下的活动用文字、视频、照片等方式放到线上去，进一步扩大线下活动的影响面，增强教育作用的持久力。通过线下为主、线上为辅实施大学生思政教育，把线下工作同时做到线上，为线下思政教育接入“网络”的翅膀，实现新的飞跃，从而实现线下线上无缝对接，实现两者的互动与协同。

第二种是以线上为主、线下为辅的协同模式。在线下思政教育难以渗透的或“线上”思政教育占有优势的领域，比如进行即时交流与互动、开展自由论坛、张扬自我个性等，得由线上思政教育来唱主角，线下思政教育来唱配角。通过博客、微博、QQ 空间、QQ 群、手机报、BBS、电子邮箱等方式，把思政教育的触角伸向大学生网络生活，进而了解其精神世界及内心灵魂。在线上做好引导的同时，也为高校增强大学生思政教育的针对性、实效性提供了有力的素材和依据。线下为辅主要是针对线上了解到的思想动态及问题，在线上教育效果不佳时可配合线下的教育、帮扶和服务，从而实现线上线下协同育人的目的。如笔者曾在某学生的 QQ 空间里发现其言行怪异，怀疑其异常，在线上对其进行疏导不奏效后，及时向其同班同学了解情况，确认后又及时请心理咨询室专业老师对该生进行心理干预及疏导，最终使该生恢复了正常。可见，线上发现在日常生活中不容易发现的问题，就为线下有针对性地工作提供了良好的基础。通过线上为主、线下为辅实施大学生思政教育，把线上工作同时做到线下，从而线上线下有效对接，实现网络思政教育回归现实、服务大学生的初衷。

第三种是线上线下并行推进、各尽所长的协同模式。在难以分清谁优势谁劣势的领域，或者线上线下需要分别推进的领域，又或线上线下融于一体的领域，则要采用此种模式。比如，一方面在线上抢占思政教育阵地，打造网络思政教育主题网站，不断加强和改进网络内容建设，唱响线上主旋律，在主题网站上发出科学之声、文明之声、正义之声、和谐之声。并通过整合校园网站、微博、人人网、百度贴吧、飞信、优酷土豆视频、QQ 群等网络媒体平台资源，引导学生在网络上传播正能量。另一方面在线下夯实大学生思政教育的基础，开展资助育人、文化育人、教学育人、管理育人与服务育人工作。两类工作并行不悖，共同推进，实现线上线下相结合、全覆盖，最终为实现大学生思政教育线上线下相辅相成和协同育人打下扎实的基础。

第四种是以新媒体为平台实现线上线下一体化的育人模式。以高校现有的校园思政专题网站为依托，以新媒体为平台，通过建立统一的大学生线上线下一体化服务与教育体系，逐步形成全校线上线下思政教育与便民接待服务融为一体的工作模式。大学生线上线下服务与教育体系集门户网站、微信、微博、客户端、电话、短信、邮件等多种渠道于一身，融实体服务教育机构、线上信息平台、互通互动平台于一体，整合信息搜索与发布，线上线下对接，学习娱乐服务等多种功能，集成信息查询、投诉申诉、心理教师预约、法律在线咨询、辅导员答疑、学生骨干培训等多元服务，全力打造“指尖上的大学工、大思政”。着力构建畅通多层次、多角度、全覆盖的教育与服务渠道，使之成为高校提高思政教育效率的“好抓手”、传递正能量的“好帮手”、规范学生工作的“好管家”、讲好优秀学生故事的“好窗口”。

第二节　推动大学生网络思政教育创新发展的新航线

一、网络思政教育的发展历程

在互联网一统“天下”的新媒体时代，加快思政教育传统方式向现代方式转变，成了思政教育内在的需要和趋势，也成了大学生思政教育创新发展的新航向。正是在这种背景与趋势的驱动下，思政教育迈入了网络思政教育的新阶段。

网络思政教育的诞生，从某种意义上可以说是互联网发展与思政教育“联姻”的产物，是新媒体时代思政教育实现网络化的一个进步标志。就我国而言，从1994年我国正式接入国际互联网开始，思政教育网络化的序幕就由此正式拉开，经历了从无到有、从萌芽到不断成长和成熟的历程。

根据思政教育网络化发展各个时期的不同特点，本书将网络思政教育的发展历程概括为四个阶段，并进行分析，以期探求其中的发展规律和趋势，为推进和完善大学生网络思政教育提供借鉴和参考。

（一）初步探索时期（1994—1999）

从1994年接入国际互联网开始，我国进入了网络时代。在网络时代背景下，我国思政教育同时面临发展机遇和严峻挑战。思政教育工作者为适应网络化的需要，进行了一系列网络环境下的思政教育工作实践和探索，为网络思政教育的诞生积累了重要经验和前期基础。这一时期，信息网络硬件建设快速发展，尤其是中国教育和科研计算机网建成投入使用，促使教育软环境初步形成；高等院校校园网建设也快速发展，大学生对互联网的使用走在全社会前列，诞生了高校 BBS 论坛（如高校最早的 BBS 是创立于 1995 年的水木清华 BBS）；思政教育的传统方式在网络环境中显得苍白无力，一种全新的思政教育的现代方式——网络思政教育在与网络负面影响的矛盾斗争中探索前进，经历数年的酝酿之后初露端倪，呼之欲出。到了 1998 年年末，处于应用互联网前沿的部分高等院校在实施思政教育进网络的工作中，实际上已经完成了网络思政教育由酝酿向萌芽的过渡。从总体上看，1994—1998 年我国网络思政教育尚处于酝酿和萌芽时期，其主要特点是：在实践方面，思政教育与网络处于离散状态，分属两个不大相干的系统，在网络环境下的思政教育实践显得较为被动，辐射范围窄小，主要限于高等院校；思政教育工作者所能采取的措施也较为单调，主要是“防”（监控网络信息和行为，防止网络越轨行为和网络危害）、“堵”（建立入网信息审查制度，监控网络信息内容，并运用技术手段阻止不良信息进入校园网，堵住有害信息的传播）、“管”（加强学生的思想教育和行为管理，开展正面的宣传教育）；在理论研究方面，研究工作滞后于教育实践，尽管当时在实践上已经出现了网络思政教育的萌芽，学术界也意识到互联网对传统思政教育的机遇和挑战，但还是没能及时提出网络思政教育的概念及相关理论。

（二）主动建设时期（2000—2002）

2000 年 2 月，我国网民由 1999 年年初的 400 万跃升到 890 万，居世界第八；2001 年网民达到 2000 万人，跃居世界第二；2002 年 6 月 30 日，我国上网用户人数为 4580 万，半年增加了 1210 万，增长 35.9%，与 1997 年 10 月首次调查的 62 万网民相比，5 年网民人数增长了 73 倍。网民数量的迅猛增长在一定程度上催生了网络思政教育，并为其提供了广阔的“用武之地”。2000 年 6 月 28 日，江泽民同志在中央思想政治工作会议上强调，要重视和充分运用信息网络技术，使思想政治工作提高时效性，扩大覆盖面，增强影响力。随后，教育部下发《关于加强高等学校思政教育进网络工作的若干意见》（教社政〔2000〕10 号），吹响了高等院校思政教育向网络进军的“冲锋号”，网络思政教育迎来了第一个主动建设的高潮，进入了快速成长阶段。这一时期，信息网络硬件建设加速发展，教育软环境进一步改善，以校园 BBS（如北大未名 BBS 创立于 2000 年）、学生网站为主要形式的校园网络媒介和各类思政教育网站如雨后春笋般涌现，一些大型公益性专题思政教育网站也相继开通，如“民族魂”“血铸中华”等，为思政教育抢占了一个网络阵地，深化了网络思政教育的实践探索。从总体上看，2000—2002 年是我国网络思政教育快速成长的阶段，其主要特点是：在教育实践方面，思政教育与网络逐步走向融合，各类思政教育网站不断涌现，但多数还处于把传统思政教育“复制”到网络的粗放层次；在理论研究方面，学术界已经正式提出网络思政教育的概念，探讨网络思政教育内容、形式、机制等问题的论文大量涌现，但也仍存在一定的理论与实践相脱节、缺位和错位的问题。这一阶段出现了两大标志性成果：一是 2000 年由谢海光主编的《互联网与思想政治工作概论》。该书主要探索了基于互联网创新思想政治工作内容、形式、方法、手段和机制的途径，提出了相应的政策建构、制度设计和操作范式等建议，并介绍了创办思想政治工作特色网站的基本思路、方法、过程和管理模式。该书的出版，标志着我国网络思政教育迈进了由萌芽到快速成长、由被动适应到主动建设的新阶段。二是 2002 年由曾令辉、邓军等编著的《网络思政教育概论》。该书主要从理论上探索了网络思政教育的主体、客体的基本特征，理论基础及相关学科知识，原则与方法及内容构建等，在应用上重点介绍了如何在互联网上开展政治教育、法制教育、心理教育及伦理教育等内容。该书的出版标志着我国网络思政教育理论框架初步形成，成了这一时期网络思政教育理论和实践成果的集大成者。

（三）深入发展时期（2003—2009）

2003 年以来，网络思政教育在理论研究和教育实践互动中继续深入发展，网络思政教育的理论与实践体系日趋形成，我国网络思政教育进入了逐渐成熟阶段。这一阶段，思政教育网站在数量和质量上都有较大的发展，各行业、各单位充分利用自身的网络基础设施，开设行业性、部门性的思政教育网站；高等院校在网络思政教育研究与应用方面继续走在前列，许多高等院校充分利用校园网络平台，开辟网上思政教育阵地，并逐步探索形成线上教育与线下教育相互结合、联动协调的教育模式。这一阶段的主要特点是：在硬件及技术方面，随着移动通信技术的日新月异，智能手机、平板电脑迅速普及，我国进入以 3G 为代表的 Web2.0 移动互联时代，使得新媒体异军突起，日益成为网络思政教育的重要载体和实施平台；在教育实践方面，思政教育主题网站建设的整体水平不断提升，内容更加丰富多彩和富有针对性、时效性，教育资源得到进一步整合，出现了更多的多部门联合创办网站共同推进网络思政教育的局面；在运行机制方面，网络思政教育管理逐步规范化，内部运行、保障、协调等机制也得到了不同程度的完善；在理论研究方面，研究工作与教育实践更加紧密结合，研究方法由单学科领域的研究发展到多学科的综合研究，由局部研究发展到系统研究，研究成果进一步深化，网络思政教育理论体系初步形成。这一阶段最具代表性和标志性的成果首推由新华出版社 2005 年 8 月出版的韦吉锋博士的专著——《网络思政教育研究》。该书作者在收集、整理国内外网络资料和网络思政教育研究成果的基础上，结合我国实际情况，用辩证的、系统的方法对网络思政教育所面临的一系列前沿性问题，诸如网络思政教育的形成和发展、网络思政教育的本质和特点、网络思政教育的功能和价值、网络思政教育的管理和开发等，进行了概括和阐释，初步建构了网络思政教育研究的理论体系。

（四）新媒体广泛应用时期（2009年至今）

2009 年以来，随着网络基础设施的进一步升级完善和智能手机制造技术的飞跃发展，我国逐步迈入了 Web3.0 的移动互联时代。这一时期，我国网民人数继续保持高速增长，并随着以 4G 为代表的无线网络实现全面覆盖，广大网民对新媒体的广泛应用达到了前所未有的程度。截至 2015 年 12 月，我国网民更是达到了 6.88 亿，网民中使用手机上网的达到了 6.2 亿，占比为 90.1%，其中具有大专及以上学历的占网民总量的 19.6%，超过 1.34 亿人，而 4000 多万在校大学生、高职生更是人手一部手机（平板）或一台电脑，成为上网或玩微博、微信等新媒体最普遍的群体。这一时期，移动互联网更加深入地改变了人们的生活方式——从“Web world”到“Mobile world”，从伸长脖子看显示屏到低下头来玩手机，互联网服务模式的转变在逐渐改变大众的生活方式，也更深入地改变了当代大学生的学习及生活方式。这一因素在挤压传统思政教育空间的同时，也推动着网络思政教育继续创新发展。尤其是云计算、大数据等新技术不断发展和普及应用，更是形成了对大学生网络思政教育不断创新的倒逼机制。面对移动互联时代的新媒体广泛应用和以“00 后”为主体的大学生群体思维碎片化、地点碎片化、时间碎片化、需求碎片化等新特点、新情况，一些高校和部分思政教育工作者主动适应这种新常态，开始探索以新媒体为平台不断拓展大学生网络思政教育的广度和深度。有些高校已经在探索除了继续做好校园思政主题网站建设外，更注重以新媒体平台为依托，创立官方微博、官方微信。同时引导和推进建设以院系、班级、团体、小组等为单位的微“网站”、QQ 群、微信“朋友圈”等，开展更接地气的“微”党课、“微”讨论、“微”教育，汇成了这一阶段大学生网络思政教育创新的一道百花齐放的亮丽风景线。

二、当前网络思政教育面临的主要问题

经历上述四阶段的发展，我国网络思政教育取得了开创性的成就，为今后的发展奠定了坚实的基础。但是，从全国宏观范围来看，当前我国网络思政教育创新仍然沉积了不少问题，概括起来可有四个方面：

在理论创新方面，网络思政教育仍存在理论研究与实践相脱节、错位、缺位的问题，研究成果对网络思政教育实践的指导性还不够强；网络思政教育的理论研究还没有完全摆

脱传统思政教育模式的影响，许多研究成果跳不出传统思政教育的理论框架，甚至有些成果仍存在把网络思政教育与传统思政教育等同化或对立化的倾向；而理论研究上的错位、缺位、不到位在一定程度上导致了网络思政教育在实践上的错位、缺位、不到位，网络思政教育实践迫切需要的科学系统的理论创新成果较为欠缺。

在网站建设方面，各类思政教育网站的建设技术水平和内容质量参差不齐，不少网站缺乏专业网络技术人员和思政教育专家的维护，网页制作较为粗糙；部分思政网站只限于发布工作信息，成了纯粹的工作网；有些网站的内容和信息的思想性、针对性和创新性较差，表现形式不够鲜活，缺乏具有当地特色的知名品牌栏目，更缺乏原创的优秀作品的支撑，照抄照搬、复制转载现象较为严重；具有强大影响力的专题网站太少，多数网站缺乏对网民的细分，没能根据他们的心理特点和需要层次科学定位、设计网页及相关专题；综合性的国家级思政教育门户网站尚未开通，全国知名的优秀品牌栏目仍然空白；大学生思政教育“微”网站建设滞后，能震撼人心或让人留恋难舍的“微”网站几乎没有。

在运行机制方面，网络思政教育主体的内部关系没有充分理顺，经费投入、技术支持、人才培养、网站管理、线上与线下互动等保障、协调、创新机制还不完善；尤其欠缺对网站的科学定位、宏观规划和策划，网络教育资源整合和共享程度不高，在某些行业或单位重复建设和资源浪费问题严重。如一些高等院校中学工处、团委、宣传部以及各二级学院、系等都分别建立了本部门所谓的思政教育网站，把本来十分有限的资源进一步分散，这不仅影响了网站的整体质量，也造成了浪费。

在人才培养方面，我们十分缺乏适应大学生思政教育新特点、新情况、新常态的人才和培养这些人才的体制机制，而这才是制约大学生网络思政教育创新发展的最大问题。随着移动互联网时代的到来，新媒体大有一统传媒“天下”的趋势。面对强势崛起的新媒体的普及应用和思维碎片化、地点碎片化、时间碎片化、需求碎片化的大学生群体，网络思政教育缺乏适应大学生思政教育新特点、新情况、新常态的人才就必然难以继续创新发展。总之，移动互联时代是新媒体时代，也是微时代。这样的时代，高大上的东西大学生需要，但他们更需要细微入心，对应个性的、深入骨髓的东西。而在这样的时代，我们恰恰缺乏擅于从微处入手、以小见大的思政教育“高手”。甚至大多数思政教育工作者没有意识到“微”的重要性，没有意识到它能产生“蝴蝶效应”，还没有意识到“微”的潜移默化的力量，这或许是问题的本质所在。

以上问题，是导致当前网络思政教育创新乏力，教育亲和力、吸引力不强和主题网站点击率普遍偏低的重要原因。

三、推进网络思政教育创新发展

为了推进网络思政教育创新发展和完善，进入网络与思政教育浑然一体、线上线下协同育人一体化的成熟阶段，笔者认为应该采取以下四项策略：

理论创新。紧扣实践，加强研究，构建完善的理论体系，为大学生网络思政教育实践与创新提供科学的理论指导。理论创新的突破必将推进实践的大发展。经过十多年的发展和积累，网络思政教育实现理论创新突破的时机日趋成熟。在辩证审视和全面总结网络思政教育十多年实践与理论探索的基础上，我们有望给网络思政教育一个全新的跳出传统框架束缚的诠释，并能紧密结合实践发展的需求，全面研究和解决网络思政教育的运行机制、内容创新、人才培育、文化建设、社会化、标准化、专业化等问题，构建起对实践具有强大指导作用的较为完善的科学的网络思政教育创新的理论体系。同时，我们还应该根据网络思政教育创新发展的现实需要和可能，积极筹建区域性或全国性的网络思政教育研究会，为网络思政教育创新提供专门的学术交流平台。

机制创新。创新制度，完善机制，不断提升专业化和标准化水平，为大学生网络思政教育发展提供制度保障。建章立制、理顺关系、完善机制，是保障大学生网络思政教育持续创新发展的重要环节。着眼于实现有限的教育资源充分共享和提高专业化、标准化水平，根据不同高校不同学科专业、不同地区文化风俗等情况，针对不同学科专业、不同知识层次的大学生群体的特点，建立一套既能充分调动党的组织、宣传部门和党的其他部门、政府部门以及工会、共青团、妇联等人民团体和其他社会组织协同开展网络思政教育的积极性，又能充分发挥社会科学、新闻出版、文化艺术工作者和教育科技工作者的重要作用的规则和制度，形成在党委统一领导下，充分调动高校各相关部门或单位各方面的主动性，形成职责明确、齐抓共管、全面覆盖的工作机制。同时，要加强网络内在约束机制建设和外部教育环境建设，善于借鉴商业网站的运作模式，不断完善网络思政教育的管理体制，争取建立起一套适合公益性思政教育网站特点的运行、保障、协调、创新的管理机制。积极探索建立思政教育网站的评价指标体系及网络思政教育信息标准体系（教育信息分类编码与文件格式标准、教育信息处理过程标准、教育信息交换标准等），不断提升思政网站建设的规范化、专业化和标准化水平。

人才培养创新。以人为本，积极培养人才，打造优秀团队，尤其注重培养一批大学生思政教育爱好者，形成搭配合理优势互补的人才队伍梯队，为网络思政教育发展提供人才支持。人才是网络思政教育创新发展的根本保证。目前严重缺乏既熟悉互联网特点、掌握互联网技术，又熟悉思政教育理论、掌握思政教育工作技巧的，特别是适应大学生思政教育新特点、新情况、新常态的教育队伍，这个必须尽快建立。各高校应结合本校具体实际，加大这类人才的培养力度。要坚持以人为本的理念，因材施教，着力培养专业化的网络思政教育团队，形成包括网络思政教育理论研究者、网络思政教育工作者、网络思政教育创作者、思政教育网站主持人及编辑人员等在内的结构合理的人才梯队。有条件的高等院校可尝试开设针对不同领域、不同受众的网络思政教育本科或研究生专业及相关课程，培养既有思政教育专业知识素养，又有网络技术专业技能的高层次专业人才。高等院校要充分发挥科研人员集中的优势，积极构建网络思政教育学科人才梯队。同时还要充分调动和利用大学生参与网络思政教育实践的积极性，建立以大学生为主体的网络思政教育通信社，让大学生在实践中成长成才，逐步培养起专业化的网络思政教育创作者队伍、管理者队伍、主持人队伍。

平台建设创新。要主动适应移动互联时代大数据、云计算以及新媒体的广泛应用，首先，整合资源，打造品牌，继续构建和完善国家级门户网站，为网络思政教育发展提供平台服务。网络思政教育的开展，涉及多个部门参与，需要多个部门的通力合作，因此要优化、整合资源。2001 年 6 月 28 日，共青团中央联合中国社会科学院、中央党史研究室、国家档案局等共同开通的爱国主义公益网站“民族魂——网上人民英雄纪念碑”“血铸中华”，开辟了青少年思想道德建设的一片新天地，取得了巨大成功。这是一次具有开创性的成功探索。当初若没有共青团中央与中国社会科学院、中央党史研究室、国家档案局等有关部门的通力合作，要建成、维持如此出色的成功的网站是难以想象的。因此，当前我们最迫切要做的，是开展网络思政教育全国性的宏观长远发展规划，避免盲目性、重复性建设，要打破行业、部门的封闭性，多部门联合联动，集中有限的资源、经费和技术力量，构建一个最具权威和综合性的国家级思政教育门户网站，并以该网站为主站，根据需要和可能开通若干区域性或省级的分站。同时，要借鉴市场营销学的市场细分理论，细分受众群体的心理特点、知识结构等，分别建立针对不同受众群体的高水平的思政教育专题网站，避免一些单位或部门因技术、资金、人才等局限而粗制滥造，败坏网络思政教育的声誉。此外，还要与时俱进地组织实施网络思政教育专题，要全力打造属于自己的特色品牌栏目，充分挖掘互联网的潜能，培育网络思政教育独特的网上风格和主流文化，把我国网络思政教育建设成资源高度集成共享的、覆盖全国的、无可替代的、与网络文化融为一体的灵魂塑造“红色基地”。这将是我国网络思政教育走向成熟的标志性工程。其次，各高校应以大学生诉求为导向，着力打造校级、院系级特色鲜明的思政主题网站，推进线上线下教育服务一体化发展，并着力把新媒体作用发挥到极致，实现网络思政教育“三贴近”，更好地适应以“00后”为主体的大学生群体教育成长环境的新特点和新要求。此外，还要充分调动身在教育一线的辅导员的积极性和创造性，引导广大党、团、学优秀学生骨干积极参与，共同打造大学生网络思政教育的各类“微”平台：一是引导各党支部、班级、团支部以高校大学生思政主题网站为依托创建党、班、团的“微”网站；二是引导教育者和广大学生以新媒体为发力点，积极建设微信、微博、QQ空间等“微”教育平台，充分发挥“微”的力量，以“微”入细入心，形成更接地气的“微”教育浓厚氛围。这正如李开复曾经说过的，“一种传播媒体普及到5000万人，收音机用了38年，电视用了13年，互联网用了4年，而微博只用了14个月”。对于大学生思政教育来说，微时代的“微”媒体影响真的不容忽视。充分发挥新媒体的“微”力量，使新媒体的“微”教育有效地融入网络思政教育的生态之中，是每一位高校思政教育工作者面临的重大课题，也是网络思政教育进入新时期、新阶段的一个重要机遇。

第三节　打造特色鲜明的大学生思政教育主题网站

一、大学生思政教育主题网站的技术指标和要求

在这个日新月异的移动互联网时代，没有一个特色鲜明的思政主题网站，显然就难以整合各类新媒体工具和思政资源，也难以形成强大的合力推进大学生思想政治工作的创新发展。打造一个特色鲜明的思政主题网站，是新媒体时代推进大学生思政教育必不可少的重要内容，是思政教育抢占网络制高点的必然要求。思政主题网站是思政教育工作者的网上红色根据地，就像当年红军在农村创建红色革命根据地一样，虽然在浩瀚的网络世界里，它只不过是星星之火，但也应了那句——“星星之火，可以燎原”。有了这个网站，广大思政教育工作者可以在这里施展才华，可以汇聚力量，形成线上线下协同育人的重要平台。至于微信、微博等其他新媒体工具，都只是思政教育工作者开展工作的新式“武器”，这些“武器”虽可直通互联网，“网”尽世界，但它最终还须依托思政主题网站，才能发挥更出色的作用。建设思政主题网站，是实施网络思政教育的重要平台和重要内容，是新媒体时代大学生思政教育创新发展的内在要求和必然产物。

思政主题网站要在茫茫的网络世界中脱颖而出，关键是建成一个结构清晰合理、内容准确翔实、页面生动鲜明并深受网络受众喜爱的主题网站，首要的是做好网站建设策划方案，这是建设好思政主题网站的第一步。

（一）思政主题网站设计原则

在思政教育主题网站中使用站点设计技术，会使我们的站点设计精良，更具吸引力。思政教育主题网站在设计上应遵循如下基本原则。

1. 一致性原则

访问网站的人们总是赞赏网站中各个页面之间的一致性，思政教育网站的页面也是如此。这样，访问者一会儿就能知道在我们网站的什么地方能够找到他们需要的信息，而不会发生茫然不知所往的情况。一致性原则运用于思政教育主题网站建设上，至少包括六个方面：

一是色彩要保持一致性。一般人的视觉对色彩要比布局更加敏感，更容易形成记忆。保持网站主体色彩的一致性，如果企业本身有 CI 形象，最好延续这个形象，有利于企业形象的树立。

二是结构要保持一致性。网站结构是网站风格统一的重要手段，包括网站布局、文字排版、导航、图片位置等。网站的统一性是网站营销的重要保障。

三是导航要保持一致性。具有企业特征的导航，会给人留下极其深刻的印象，比如融入标志性的形态于其中，或者把导航设计在整个网站布局之中。

四是背景要保持一致性。网页背景包括背景颜色和背景图片，使用背景图片会影响下载速度，影响显示效果，可能会出现文字与图片重叠的情况，给浏览带来不便。

五是图片要保持一致性。作为网站结构的组成部分，要保持图片与内容一致，形成连续性；不要添加与网站内容无关的图片和动画。

六是特别元素要保持一致性。在网站的设计过程中，一些具有特点的元素如果重复出现，也会给访客留下很深的印象。

2. 实用性原则

有时为了使思政主题网站显得生动活泼，我们喜欢加上一些网页特效，如背景音乐、Flash 动画、各种 Java 效果等等，但如果处理不好，会使网站眼花缭乱。特别是同时使用多种风格截然不同的特性，它就会变得难以阅读，甚至难以观看。要让我们的网页清新活泼，最好不要滥用这些功能。因此，设计思政教育网站，必须坚持实用性原则，即所设置的网站及栏目应符合本校特点，满足本校大学生受众的实际需要。贯彻实用性原则有两个重要方面：

一是尽可能地把栏目细分，因为网站栏目相当于城市的路牌，用户能不能在你的网站里找到需要的内容全靠它。所以栏目分类一定要根据用户实际需求划分，要合情、合理，有可能的话尽量细分栏目。每个栏目建立一个文件夹来管理，这样有利于以后的维护。

二是导航设计要合理，因为导航相当于一个站点的指示牌，如果指示牌明确，受众就能快速找到自己想要的东西，体验好了，自然就愿意常来。在设计导航的时候需要注意以下两点：第一，不要把导航做成图片、动画或者用 JS 特效，最好用文字；第二，每个内页都能很方便地返回频道页和首页。

3. 时效性原则

吸引访问者经常访问思政主题网站的要诀是：常更新思政教育网站的内容，以保持网站的信息内容具有新意。喜新厌旧是上网者的共同特点，网民最大的沮丧是访问一个一年半载都没有更新的网站，一成不变的主页是最糟糕的主页。特别是现代的信息瞬息万变，主页内容更新及时，将会吸引越来越多的访问者和回头客。因此，要想保持网站的访问量，就要不断地更新主页内容和版面形式，给人以新鲜感。主页更新后，最好在页脚注明更新的日期，这对经常访问你的主页的老客户非常有用。

4. 特色性原则

思政主题网站的主题及内容一定要有特色，包括专业、地域、文化等特色，只有这样，才能对大学生产生强烈的吸引力。切勿千篇一律，以不断创新的网站内容吸引本校大学生经常上网看看，甚至吸引非本校的大学生也关注本网站。因此，在美化、优化网站外在形式之外，更要坚持内容为王，优先把内容建设好才是实现特色制胜的关键所在。这里说的内容不仅仅是文章、资讯等，也可以是其他方面的东西，比如特色栏目、优势内容、特色模块、特色服务等。

5. 简洁性原则

网站页面设计能否吸引浏览者，对一个思政主题网站能否成功起着重要作用。优秀设计师往往追求的是简洁、明了、大气的设计风格，视觉上要注意浏览者长时间浏览仍不会产生疲劳感，注重颜色的应用。而且，坚持网站页面设计的简洁性，有利于突出思政教育主题网站的鲜明特色，更利于提高网站浏览速度，对提高网站的黏性大有好处。

（二）思政主题网站建设工作流程

1. 计划阶段

（1）收集书面资料，准确理解本网站的重点所在。思政教育网站内容要求新、真实；文风要新、要朴实，要有可浏览性、交流性和讨论性。

（2）整理资料。首先对文档进行归类，确定哪些是要在首页或者一级页面上就要向浏览者表明的，哪些可以放在栏目子页中。其次对文字进行润色，作为思政教育网站，我们在使用文字时要尽量通俗易懂，减少不必要的专业术语和说教。并尽量简洁，这样既可以加快网页的显示速度，又可以避免因为过多的枯燥文字使浏览者因麻烦产生反感。比如原来为两类或两类以上的文档，可以归为一类的，一定要归为一类。这样可以减少页面数量，对浏览和维护都有很大的好处。

（3）文档整理完毕后，根据分类就可以统计出新版网站有多少个栏目、每个栏目有多少个页面、每个页面的具体内容及名称。统计完毕后要有一个网站文件明细表——最好为树形图。

2. 设计阶段

此阶段主要包括首页设计和栏目页面设计两方面的内容。

（1）首页设计。首页设计是整个思政教育网站设计的重中之重，它的成功与否直接关系着网站的形象和访问量，也直接影响着思政教育工作的效果，所以对它的要求比较高。

首页设计要符合思政教育的宣传规律，同日常思政教育工作要相互呼应。版面要新，贴近时代、贴近工作、贴近生活、贴近大学生实际。

首页设计的用色要谨慎、高级，不可随便。因为当浏览者打开网站时，他的第一感觉就是对颜色的感觉，舒服、漂亮的东西总是让人有好感的，所以必须考虑颜色明暗、轻重、明快与稳重的搭配。

首页设计不要显得零碎，最好有明显的模块化，可以使用比较小的图标。但切忌使用小的纯色块，这样容易使网页显得缺乏气度。

不要在首页上体现过多的内容。因为首页的内容过多会导致网站的中心不突出、页面传输过慢、页面长度过长等问题，造成浏览者的不方便感。

首页设计要留有发展的空间。因为网络思政教育的研究发展非常快，要不断添加新的内容，所以要留有拓展空间。

（2）栏目页面设计。主页的设计做好后，接着就是栏目的设计了。普通栏目的设计要求比主页宽松一些。栏目设计最好是引导式的，而不是灌输式的，要与栏目的内容紧密结合；包含在文章里的链接要容易辨认；文字排版要好看，有统一的间距和边距要求，避免使用太大或太稀疏的文字；表格的设置要合理，不要太长；对于提交表单，尽量减少让访问者用键盘输入的东西，多使用下拉菜单或复选框等形式，说明性的文字同操作用的表格最好合而为一，时刻使访问者明白是干什么、怎么干。每一页都要有良好的导航系统，让浏览者出入自如，能清晰了解网站信息。

3. 模板制作

网站模板在这里指的是网站页面模板，是在网站中有许多页面版式色彩相同的情况下，将其定义为网页模板，并定义其中部分可编辑，部分不可，这样利用网页模板制作其他页面时就会很方便，不易出错。这里我们称为普通网页模板。网站模板就是已经做好的网页框架，使用网页编辑软件将模板原有的图片和文字替换成自己的内容，再发布到自己的网站上。

网页模板是一个固定模式的标准页面，它的页面布局、字体排列等基本不变，网页制作者只需在模板中添加页面内容即可制作出一个个网页。运用模板制作网页有助于成批地建立页面风格相同的网页，从而使网站风格统一。模板在多制作者环境中特别有用，它可以帮助制作者快速创建网页。创建好网页模板，即可开始制作网页。思政教育网站网页模板的制作，一要沉稳，不要花里胡哨；二要素净、大气，不要色彩缤纷；三要有个性、有风格，要突出思政工作的特点。

4. 本地调试和核对

所有网页制作完毕，还要在本机进行调试和核对。主要检查：有无死链接、拼写错误、不同浏览器的适应性等。考虑到浏览器的兼容问题，尽量多测试几种常见的浏览器，如 Navigator、Internet Explorer 等。网站是面向全世界的，世界各地的访问者使用的浏览器会有区别，兼容性不好，网站可能会减少一半的访问量。

5. 上传发布

在所有程序核对无误的情况下，可以开始上传，发布网页。及时访问你的网站，再次核对网页是否有误。

6. 宣传推广

建立了网站，只是思政教育上网的第一步，如果没有人来访问你的网站，所有的努力都不能转化为实际的效益。如何让最大数量的潜在目标用户访问你的网站，网站的宣传推广显得尤为重要。网站一般的宣传推广方式有：应用 SEO 技术、登录搜索引擎、条码广告（又名 banner 广告）、友情网站链接、电子邮件广告等。

SEO 是由英文 Search Engine Optimization 缩写而来，中文意译为“搜索引擎优化”。SEO 是指通过对网站内部调整优化及站外优化，使网站满足搜索引擎收录排名需求，在搜索引擎中提高关键词排名，从而把精准用户带到网站，获得免费流量，产生直接销售或品牌推广。因此，宣传推广思政教育主题网站，也应懂得应用 SEO 技术。优秀网站设计少不了 SEO，只有融入 SEO 才能让网站真正发挥作用，在 SEO 过程中，关键是首页的

TITLE 标签设置，在这里我们建议选择三个左右的主关键词，关键词的选择要去研究对手网站，然后结合自身的特长来定制；另外要有描述标签，整个页面的关键词密度不要设置得太高，一般 5% 左右比较理想，每个页面 TITLE 都要与文章作品相关。

搜索引擎是目标客户在互联网上应用最广泛的检索工具，如百度就是世界上最大的中文搜索站点，也是访问率很高的超级搜索引擎。思政教育网站在搜索引擎登记后，将可能在搜索结果中被目标用户查询到。

条码广告，是互联网上特有的网站宣传方式。所谓条码，就是用户制作条形图标置于大型门户站点页面上部的横幅广告标语，通过静态或动态的展示，以吸引目标用户点击条码，打开用户网站。

友情链接即在互相友好的网站或行业门户网站中建立页面链接。

电子邮件广告，通过向广大网民发送电子邮件而达到宣传推广的目的。

（三）思政主题网站建设总体要求

1. 基本技术要求

（1）网站应能提供 24 小时不间断、稳定可靠的服务，并具有较高的访问响应速度。

（2）网站应具有较高的性能，包括网站服务器可以支持较大的日首页峰值访问量和平均访问量，整体站点可以支持较大的日峰期访问量和平均访问量。

（3）系统必须具有负载分担能力，能将单一的访问请求分担到多台服务器上，并能对出现故障的服务器隔断连接。

（4）网站必须采取一定的安全措施，确保其工作安全。

2. 功能及管理要求

系统的功能应具有完备性。从系统集成和业务需求的角度来看，系统应充分满足当前的需求，在系统建成后的一段时间内，加强网站的管理，确保系统的功能满足用户的要求；能从技术上保证网站风格和网站用户数据统一。

系统应易于管理，不仅可以减少许多管理成本，还可以节省许多行政管理上的时间和人力。

3. 网页浏览速度要求

浏览速度是衡量一个网站的重要指标，浏览速度除受 Web 服务器、网络频带等硬件因素的制约外，网页制作也是影响浏览速度的一个重要原因。采用合理的网页制作技术，使得以最小的容量（网页文件的大小）包含最多的内容（提供给浏览者的信息），是提高网页浏览速度的技术关键。

（四）思政主题网站的评价

思政教育主题网站，以网页的形式凭借通信网络载体突破时间和空间的限制，以交互的方式实施思政教育。思政教育主题网站建设的质量，主要是通过对网站的信息内容、技术特点和服务质量等方面来进行评价的。

1. 网站信息内容评价

（1）思政教育网站的影响力

① 访问人次数。思政教育网站对用户的吸引力的大小直接表现为访问人次数的多少。一般网站的主页均设计有计数器，它可以对访问人次数进行自动统计。这种统计分为全程累计和每日累计。在具体分析指标时可进一步考虑日平均人次数、月平均人次数、年平均人次数等以考察平均影响力，或根据职业、年龄、文化程度等类别特征，对访问者进行分类统计，以考察思政教育网站在不同用户群中的影响。

② 访问时间。它包含访问时间长度和访问进入时点两个指标。访问时间长度是指访问者自进入网站到退出网站的时间跨度；访问进入时点是指访问者访问某站点时的联通时点，它与访问人次数结合可计算出访问时间人次分布率。访问时间是衡量网站影响力的一个非常重要的指标，根据访问时间长短可排除偶然访问者，访问进入时点和访问时间人次分布率对判断非常事件（如网上直播、发布重大新闻等）对网站的影响状况尤其有用。

③ 引用比率。思政教育网站影响力还表现在有多少用户引用该网站网页的信息。这里又有两个指标：一是在网页上设有该网站链接点的网站数，即机构引用率。二是引用该网站网页信息的论文著者数，即个人引用率。

④ 所属机构权威性。网站是机构在互联网上的代表，对于思政教育网站来说，机构的权威性直接决定了思政教育网站的权威性。

（2）网站具体信息内容

网站信息的含金量高低、正能量的大小以及准确性、可靠性、合规性对网站有着至关重要的意义和影响，也是网站评估的主要方面。访问者对信息既有量的需求也有质的要求，试想一个空洞无物、错误百出的网页能对访问者产生多大的吸引力？思政教育网站内容要新、要真实，实话实说、实事求是，以正面宣传为主，积极传播正能量，坚持“内容为王”“育人至上”。

（3）时效性

思政教育网站的信息内容如果一年半载才更新一次，访问者将很难从你的网站上获得更多的信息，久而久之访问者会越来越少。因此，思政教育网站要紧跟时代步伐，与当前的时事政治相结合。

（4）表现形式

信息总是要通过一定的形式表现出来，如网页制作是否美观、合理，在一定程度上影响着用户访问的兴趣。

2. 网站技术特点评价

（1）性能

性能评价主要从硬件和软件两方面进行，其中安全性、可靠性、运行速度尤其重要。

硬件：网络结构、网络传输介质及速率、网络安全性、服务器性能及服务器的数量类型等。

软件：网络操作系统性能、数据库性能、网关接口性能、FTP 服务器文件下载便利性、网站的响应速度、Search 的查准率与便利性、反病毒反“黑客”入侵能力等。

（2）维护

网络的正常运转有赖于日常维护。评估日常维护工作可从服务器日常非正常中断次数、网页的月更新次数、用户权限和网址过滤是否采取措施、管理员的技术水平和责任心、规章制度是否完备合理等方面进行。

3. 网站的服务质量评价

（1）网站质量

访问者是否很方便地进入思政教育主题网站并获得良好的第一印象，包括域名解析时间、请求响应时间、主机连接时间、10K 下载时间、首页访问时间、HTML 综合质量、图片综合质量、首页布局质量、首页信息类型等。

（2）网站推广

思政教育主题网站的推广即潜在的访问者是否能通过更多的途径知道你的网站，包括登录搜索引擎、友情链接、电子邮件推广和其他网站的条码广告等。

（3）网站服务功能的完整性

访问者在访问思政主题网站时是否能获得良好的服务，包括帮助导航、网站地图、服务流程、帮助是否全面、亲善设计、平等感觉、良好建议等。

（4）网站交互性

访问者是否能通过网站进行交流，包括访问者回应、回应时间、解决时间、认真程度、礼貌程度、准确程度、思政教育社区、心理调查等。

二、大学生思政教育主题网站建设的基本导向

大学生思政教育主题网站是实施网络思政教育的重要平台。能否发挥好这个平台的巨大积极作用，关键还在于坚持什么样的目标导向。结合当前大学生思政教育的实际及以“00

后”为主体的大学生群体的思想特点，思政教育主题网站应以“武装”“引导”“塑造”“鼓舞”为基本导向，开展好网上思政教育工作。

（一）坚持做好网上“武装”工作

做好网上“武装”工作，进行政治、理想和信念教育，用科学理论武装网民，是当前思政教育网站建设的首要任务导向。

我们要注重用科学理论武装网民，以提高他们的政治觉悟和免疫力，只有这样才能巩固和不断扩大我们的思想阵地。因此，抓好“武装”工作是我们实施网络思政教育的第一环节。用科学的理论武装网民，其实质就是向网络受众“灌输”科学理论。所谓“灌输”，是指有领导有组织地对网络受众进行科学理论教育，用马列主义、毛泽东思想和邓小平理论武装广大网民的头脑，使他们逐步形成正确的世界观、人生观和价值观。在国内的一些网站中，确实出现了不少值得注意的问题：有的在指导思想上主张多元化，宣扬马克思主义已经过时，贬低马克思主义学说，否认马克思主义是普遍真理；有的在政治上主张资产阶级多党制，在经济上主张私有化；有的否定、歪曲党和人民的奋斗历史，丑化党的领袖人物；有的宣扬资产阶级腐朽的人生观、价值观；有的否定以经济建设为中心和改革开放政策等等。我们是社会主义国家，如果动摇了马列主义、毛泽东思想和邓小平理论的根本指导地位，动摇了党的基本路线，动摇了建设有中国特色社会主义的共同理想，就必然导致思想混乱、社会动乱，那将是国家和民族的最大灾难。在大是大非问题上，一些党组织和思想政治工作干部显得含糊不清或软弱无力，不能或害怕理直气壮和旗帜鲜明地向群众宣传马克思主义学说。事实上，资产阶级自由化在我国几度泛滥，正是我们坚持马克思主义旗帜不鲜明、态度不坚决的结果。网络思政教育者在开辟网络思想阵地时，要避免重蹈覆辙，就必须不忘前车之鉴，从中吸取教训，理直气壮地坚持以马列主义、毛泽东思想和中国特色社会主义理论体系为指导，用科学的正义的信息内容充实我们的网站。在网络中坚持不懈地进行理想信念教育，用科学理论武装广大网民，旗帜鲜明地向他们宣传马克思主义科学理论体系，反驳各种错误思想，铸造网络受众强大的精神支柱。网络思政教育工作者如果做不到这一点或在这方面妥协，就是严重失职，就有愧于网络“灵魂工程师”的称号。

可以通过在思政教育主题网站上开设“马克思主义之光”“中国特色社会主义理论体系学习园地”“学习贯彻习近平总书记系列重要讲话精神”“求索前线”“党之魂”“伟大旗帜”等专栏，有组织有步骤地借用人类最先进的教育工具——互联网和移动互联网向广大网络受众尤其是在校大学生进行科学理论的正面“灌输”。

（二）坚持做好网上“引导”工作

做好网上“引导”工作，开展舆论导向工作，引导大学生网络受众坚持正确的政治方向和科学的人生价值取向，是当前思政教育网站建设的基本目标导向。

江泽民同志曾指出：“舆论导向正确，是党和人民之福；舆论导向错误，是党和人民之祸。”这一点，在网络中表现得尤为突出。由于网络的匿名性、快捷性等特点，一些网民因缺乏网上正确舆论的监督和引导，在网络中过度放纵自己的言行，出现了一些背道违规问题就是一个明证。因此，网络思政教育者一定要在网络中营造正确的舆论氛围，坚定不移地“以正确的舆论引导人”，这是网络思政教育的中心环节。坚持正确的舆论导向，不仅是网络新闻工作者的职责，更是网络思政教育工作者的职责。导向的内容包含多方面，最关键的是政治导向、伦理道德导向和心理健康导向，还有其他导向，如教育导向、文化导向、娱乐导向、生活导向、消费导向等等，也要给予适当的关注。怎样把网民的网上言行和思想交流引到正确的轨道上来，是值得研究的一大课题。一直以来，我们都比较注意网络政治导向，对其他方面的导向则较少关注，缺乏正确的引导，因而存在的问题也比较多。

在思政教育主题网站中，我们一定要坚定不移地坚持正确的舆论导向原则，对于不正确或不健康的信息，应该有选择地加以澄清和批判。尤其对于一些重大政治问题、重大历史问题上的奇谈怪论，我们更不能置之不理，放任自流。我们的引导工作应该遵循为社会主义服务、为人民服务的方针，以邓小平“四个有利于”和习近平“高举旗帜、引领导向，围绕中心、服务大局，团结人民、鼓舞士气，成风化人、凝心聚力，澄清谬误、明辨是非，连接中外、沟通世界”48字方针为准则，判断上网信息是否符合我们培养社会主义新型建设人才的要求，符合的我们支持，不符合的我们应坚决反对并予以批驳。这就是我们必须坚定遵循的网络思政教育的党性原则。

因此，网络思政教育工作者一定要坚持让事实说话，要深入社会、开展调查、了解网民，不要高高在上，靠想象和杜撰过日子。关注网民所关注，倾听网民的心声，沟通广大网民的心灵，这是我们把引导工作做到网络受众心里去的基本前提。

基于上述要求，我们可以在思政教育主题网站上开设“思想灯塔”“科学生活导航”“借你一双慧眼”“走出自我”等有特色的引导性教育栏目，把广大大学生网民的关注点和注意力吸引到正确的方向上来，引导他们坚持正确的政治方向和科学的人生价值取向。

（三）坚持做好网上“塑造”

做好网上“塑造”工作，讲好故事树好榜样，在网络上大力弘扬中华民族的爱国主义精神，是当前思政教育主题网站建设的重要内容导向。

目前不少网民因沉溺于网络虚拟世界和不良网络环境中不能自拔而堕落、颓废。如何用高尚的精神塑造网民灵魂，构筑他们的精神支柱，振奋他们的斗志，已成为网络思政教育迫切需要解决的重要课题。用高尚的精神塑造网民，可以通过互联网介绍历史上或现实生活中的英雄人物、各行各业的杰出人物事迹，通过展示他们的人格魅力和精神风貌，来为广大网民树立学习的榜样，并以这些榜样的精神力量影响广大网民，促使他们追求崇高理想，超越自我，战胜堕落、颓废。高尚精神有多个方面，如科学家的求实精神、军人的献身精神、网络草根英雄的创新精神、全国军民团结一心众志成城的抗洪精神等，以及特定历史时期优秀人物的精神，如雷锋、孔繁森、莫振高等人的精神。在这里，我们主要谈谈在网络时代背景下如何弘扬爱国主义精神的问题。

爱国主义是中华民族的光荣传统，是我们的民族之魂，也是我们的国魂。它的伟大精神塑造了中华民族的崇高品格和道德风范，培育了无数的爱国志士、民族英雄、革命先烈和杰出人物。因此，弘扬高尚精神，首要的就是弘扬爱国主义精神。几乎所有高尚的精神都发源于爱国主义精神，或可以在爱国主义精神中找到一些印迹和根据。如雷锋精神，正是由于雷锋热爱我们的党和人民，热爱我们的祖国，才促使他要把有限的生命投入无限的为人民服务之中去，树立了一个普通人的高尚情操和平凡人的不平凡精神。一个国家、一个民族的灵魂就在于其精神。有了精神，就有了力量，就有了战胜一切困难的勇气和意志。这种精神是什么？就是爱国主义精神。当代中国的爱国主义是把民族主义、集体主义和社会主义之精髓融入其内，形成具有中华民族特色的新的民族精神，因而具有更为丰富的内涵和更为强大的生命力、凝聚力。

我国人民的爱国主义传统源远流长，在历史上，从屈原的“虽九死其犹未悔”到文天祥的“人生自古谁无死，留取丹心照汗青”；从林则徐的“苟利国家生死以，岂因祸福避趋之”到孙中山为了救国图存，不怕劳累，四处奔波，临终时仍不忘记叮嘱“革命尚未成功，同志仍需努力”。再到现当代的中国共产党人，为民族独立和国家统一，为人民解放和祖国富强，进行了前仆后继、不屈不挠、艰苦卓绝的斗争，无数优秀儿女献出了生命，终于击败了帝国主义的侵略，推翻了压在中国人民头上的“三座大山”，开创了中国人民独立自主、当家做主和走向富强的历史新时代。中国共产党领导全国各族人民进行了新民主主义革命和社会主义革命，是中国历史上最恢宏、最壮丽的爱国主义篇章。中国共产党的老一辈无产阶级革命家，是伟大的马克思主义者，是伟人的民族英雄，也是伟大的爱国主义者。李大钊立志“以青春之我”“创建青春之国家，青春之民族”；毛泽东“问苍茫大地，谁主沉浮”，自觉肩负起救国救民的使命；周恩来“为中华之崛起而读书”“面壁十年图破壁”，为中国人民鞠躬尽瘁，死而后已；邓小平说“我是中国人民的儿子，我深情地爱着我的祖国和人民”等等。他们的伟大思想和光辉实践，集中体现了中国共产党人的爱国主义精神。

改革开放 40 多年来，特别是近 10 年来的实践已充分证明，越是弘扬爱国主义精神，我们的思想就越统一，凝聚力就越强，社会也就越稳定，社会主义现代化建设事业也就越顺利地发展，经济建设的持续快速健康发展也就越有保障。我们党的基本理论、基本路线、基本纲领，以及改革开放和社会主义现代化建设的辉煌成就，丰富了爱国主义的内容，升华了中华民族的爱国主义精神，激发了全国人民的爱国主义热情。在这 40 多年中，我国政治稳定、经济发展、民族团结，社会生产力、综合国力和人民生活水平都有了质的飞跃，我们的国际地位也显著提高。尤其是近 10 年来，我们战胜了 2008 年南方罕见雨雪冰冻灾害，经受住了汶川大地震的考验，铸就了全国军民万众一心、众志成城的抗冻救灾和抗震救灾精神；2020 年抗击新冠肺炎疫情，全国人民同舟共济，共克时艰；我们隆重庆祝中华人民共和国成立 70 周年，隆重纪念抗日战争胜利 75 周年，隆重庆祝中国共产党成立 100 周年，而且，我们还顶住世界经济大萧条的冲击，保持中国经济中高速发展，赢得了全球的赞誉；等等。这一切充分说明，爱国主义的光荣传统在新的历史条件下不断发扬光大，其内涵不断得到深化和丰富。

所有这些，都是中华民族最为珍贵的精神财富。我们把这些财富重新整理、加工和包装后搬上网络，用来塑造我国广大青少年网民尤其是在校大学生的灵魂，让他们知道前辈们是如何立报国之志，又如何为这一抱负而献身的，促使他们转变世界观、人生观和价值观，树立起崇高的理想。在当前经济全球化和我国加速建设社会主义市场经济的条件下，弘扬爱国主义精神有着更为特殊的和迫切的重大现实意义。爱国主义始终是动员和鼓舞全国各族人民团结奋斗的一面旗帜，不管是革命战争年代，还是和平建设时代；也不管在现实生活中，还是在网络世界中，弘扬爱国主义精神，坚持不懈地用爱国主义精神塑造我国网络受众，都是网络思政教育的永恒主题和重要任务。

可以在思政教育主题网站上开设有关爱国主义的分站，如“中华魂”（www.chinamind.net.cn）、“中国心”（www.chinaheart.net.cn）、“央雄颂”（www.heroanthem.net.cn）、“爱国主义”（www.patriotism.net.cn）等专题分网站，以高举爱国主义旗帜，弘扬优良的革命传统。据 2001 年 9 月 21 日《中国青年报》报道：9 月 19 日上午 11 时 12 分，开通仅 84 天的“血铸中华”（www.chinal840-1949.net.cn）和“民族魂”（www.chinaspirit.net.cn）网站的总点击量突破 70 万人次。网站建设者之一、共青团中央信息处处长李文革说：“二三十年前学习英雄就是发文章、开大会，现在再用这种简单的单向灌输方式，难免会引起排斥心理。网络的交往性使年轻人愿意参与进来，让教育在不知不觉和生动形象中完成。当讲到民族英雄，讲到中华民族100多年的奋争历程，就马上可以看到相关影片、资料甚至还有相关游戏，与不同地方的人进行交流，这同以往的灌输宣传模式相比效果怎么会相同？”其一语道破了网上爱国主义教育的优势所在。

（四）坚持做好网上“鼓舞”工作

做好网上“鼓舞”工作，传播正能量，把优秀的作品充实到思政教育网站，是当前思政教育主题网站建设的基本功能导向。

优秀作品，是科学理论、先进思想、正确舆论和高尚精神的主要载体和基本表现形式。我们要用科学的理论武装网民，用正确的舆论引导网民，用高尚的精神塑造网民，都离不开优秀作品的介入。用优秀的网络作品鼓舞网民，是网络思政教育的一项重要任务，与武装、引导、塑造等工作共同构成一个相辅相成的有机整体，是我们实现网络思政教育根本目标和任务必不可少的环节。所谓鼓舞，是指要积极挖掘和发挥蕴含科学理论、正确舆论和高尚精神的优秀作品的武装功能、引导功能和塑造功能，用来鼓励和激发网络受众的爱国热情和敬业精神，培养他们高尚的人格，促使他们树立崇高理想，积极投身社会主义伟大事业的建设中。

这里所说的优秀作品，不仅指直接在网络上创作的优秀作品，还包括搬到网络上的优秀的书报刊作品和影视作品，包括文学作品、学术论著、多媒体课件、视频作品等等。在几千年的历史长河中，人类积累了许多优秀作品。近年来网络作品的迅速崛起，成了一大潮流，其中不乏优秀之作。所有这些优秀作品，都是网络思政教育直接或间接的信息资源。怎样才能把这些作品中的精品和精髓充实到思政教育的网站中来，使之内化为广大网民的思想品质和鼓舞广大网民积极进取的精神力量，是值得网络思政教育工作者好好去思索和实践的课题。

面对浩如烟海的作品资源，我们不可能也没有必要把所有作品都搬到思政教育网站上，必须有所为有所不为。我们要培育一大批具有娴熟说理艺术，具有扎实的思政教育理论功底，又熟练掌握网络传播与宣传技术的专家队伍，组成网络思政教育阵线的“专家队”，专门为思政教育网站创造和输送优秀的作品。同时，还要针对网络思政教育的根本任务、实施范围和网络受众需求层次和特征，对整个人类优秀作品进行系统化筛选、系列化整合和立体化加工与创新，形成能发挥鼓舞功能与辐射作用的作品信息资源体系。

（1）系统化筛选。它是围绕一定的主题，根据一定原理，将某一范围内的信息资源加以整理并形成一个内容系统，以供需要时筛选和使用。比如我们以“了解国内国际形势”为目的，按最新化原则，对最新出版或发表的有关反映国内国际形势的作品进行分门别类的系统化整理，从中筛选出适合网站需要的信息资源。

我国正处于社会主义初级阶段，当前面临的最大任务就是社会主义现代化建设，这必然要求我们的各项工作都必须围绕这一任务，我们的网络思政教育也不例外。因此我们在对优秀作品进行筛选时，务必按照为社会主义服务和为人民服务的原则，以反映社会主义建设成就和曲折历程及其间发生的动人的爱情、亲情、友情等事件为主题的作品为主体，反映其他方面内容和主题的作品为补充，以便介绍、传播、宣扬和突出社会主义主流文化，弘扬爱国主义精神，鼓舞广大网民为社会主义现代化建设而努力学习和工作。

（2）系列化整合。它是根据网络特点和网络思政教育受众身心成长的需要，有针对性地对筛选出的优秀作品进行多维的时空交错的整合。就思政教育网站而言，我们可以从以下几方面进行整合：

第一，以马克思主义思想发展史为脉络，整合马列主义、毛泽东思想、邓小平理论等论著，组成马克思主义科学理论体系内容模块，以此凸显网络思想阵线的灵魂和特色。如建立马列主义、毛泽东思想和邓小平理论学习网站等。

第二，以弘扬中华民族优秀文化传统为目的，整合我国五千年文明史所积淀下来的优秀作品，并赋予其新的时代内涵，形成富有中国民族特色的内容模块。我国在五千年的文明史中积累了许多优秀作品，如四大名著等，其中许多作品的精髓至今仍熠熠生辉。这些作品稍经雕塑，就可以成功吸引网络受众，成为他们所接受和理解的“宝石”。

第三，整合中外优秀的社会科学和自然科学及文化作品，弃糟存精，将东方文化的内敛和沉稳与西方文化的自由、开放结合起来，形成体现网络思政教育兼容并包的开放型内容模块。

第四，以弘扬爱国主义精神为主线，整合中外以爱国主义为题材的优秀作品，放到思政教育网站中，以突出爱国主义在网络中的主旋律地位等等。

（3）立体化加工与创新。就是对经筛选和整合之后的作品再进行多角度的立体加工与创新，使同一作品形成文字、图像、声音或集文字图像声音于一体的系列化和多媒体化的多版本、多形态的作品，使之能适合或满足不同年龄、不同性格、不同职业和不同嗜好的受众的需要。如建立中外最新德育经典电子书库站点，书库里的电子书本可加工成纯文字版、发音文字版、图文音合一的多媒体版等。

三、大学生思政教育主题网站的内容建设

思政教育主题网站内容建设，是要回答思政教育在网络中要做什么和用什么理论、思想和知识来培育人的问题。它不仅能体现思政教育主题网站的性质，而且是实现思政教育

主题网站基本导向功能的重要保证。从网络思政教育的角度来看，可以说思政教育主题网站的内容建设是思政教育主题网站建设的核心和灵魂。

从广义上来说，凡是能够通过网络传媒传播的有利于培养社会主义新型人才的知识、思想和理论及其教育活动，都可以作为思政教育主题网站的内容。思政教育目标和任务内在规定的丰富性以及对教育对象素质发展的多方面教育的需要，决定了思政教育主题网站的具体内容也应该是全面的、广泛的和具体的。从其内容实质来看，主要包括世界观、人生观和价值观教育，尤其是社会主义核心价值观教育；党的基本路线、方针、政策教育；爱国主义、集体主义和社会主义教育；社会公德、职业道德、家庭美德教育；中华民族优秀传统和改革开放创新精神教育；坚持集体主义价值导向，反对个人主义、享乐主义、拜金主义等等。从知识体系与学科分类来看，主要包括思想教育内容、政治教育内容、法制教育内容、伦理教育内容、心理教育内容等。在实施思政教育主题网站内容建设的过程中，这些内容的具体设置和运用必须遵循一定的原则和要求。这是由培养社会主义“四有”新人的思政教育的根本目标和任务所决定的。

（一）思政教育主题网站的内容建设原则

思政教育主题网站内容建设原则，是受思政教育的目标和任务所规定和制约的，是用以指导构建和设置思政教育主题网站具体内容的基本准则。根据思政教育的根本目标和任务，并针对在网络中实施思政教育具有不同于线下思政教育的客观规律和特点来设置其内容，因而必须遵循一定的原则要求，主要有以下几个方面：

1. 坚持社会主义方向

坚持社会主义方向，是思政教育包括网络思政教育都必须高举的旗帜，是思政教育主题网站内容建设的首要原则要求。我们培养的是社会主义、共产主义事业的接班人，因此我们要坚持在网上对青少年进行正确的政治观教育，科学的世界观、人生观、价值观教育，伦理教育，心理教育，提高网络受众的政治觉悟、认知能力、道德水平和心理素质等，增强他们对负面信息污染的免疫能力，具有坚定的为人民服务的政治立场。建设思政教育主题网站的目的之一，就是为了更好地实施网络思政教育，更好地占领网络制高点，保持社会主义思想政治道德观念在网络世界中占据一席之地，共同助力于培养社会主义“四有”新人。因此，思政教育主题网站内容建设必须体现出明确的社会主义方向性，其实质就是坚持党的基本路线、方针、政策不动摇。如果我们在内容上不坚持社会主义的方向性，旗帜不鲜明，任由资本主义思想、政治、价值观念或封建迷信思想侵入我们的主题网站，渗透并泛滥在我国的网域，那么我们的网络思政教育必然会迷失正确的方向，我们就无法同西方资本主义敌对势力抢占网络思想阵地，从而给培养社会主义“四有”新人造成不利影响。

2. 注重教育的思想性

思想性是传统思政教育的基本原则，也是网络思政教育的基本原则，更是思政教育主题网站内容建设的内在要求。这就要求进入思政教育主题网站的信息内容必须具有正确的思想性，能催人奋进、给人正能量，或令人警醒、促人高尚，而不能是消沉、低迷的。不保持思想上的健康高洁格调，思政教育主题网站就失去了其本性，那么，我们坚持社会主义方向原则就成了一句空话，助力培养“四有”新人的目标也就难以实现。由于网络是一个开放的信息系统，即使在专门的思政教育网站里，也难免有信息“垃圾”或“毒瘤”的渗入、产生和污染。因此，我们除了在主题网站内容体系建设上坚持思想性，从源头上杜绝有害或有毒信息内容的进入，保持进入思政教育网站的信息积极健康之外，还应该组建网络“清洁工”队伍，以便能及时地清除思政教育网站里的信息“垃圾”和“毒瘤”，保持思政教育主题网站内容在思想上的纯洁性。

3. 坚持创新性与可读性、服务性、指导性、权威性相结合

思政教育主题网站内容建设既要接地气，又要着眼高远，善于体现“面向现代化，面向世界，面向未来”的精神，善于助力培养既能熟练掌握网络技术，又具有较深理论知识、较强管理才能和创新能力，并且在政治上能与党中央保持一致、拥护党的领导、具有坚定的社会主义信念和能够适应21世纪网络信息时代要求的人才。那些只会读书，但不会管理；只有基础知识，但缺乏专业技能和创新能力；只有“灵活”的头脑，但缺乏坚定的社会主义政治立场的人，是难以经得住网络时代的挑战和资产阶级腐朽思想侵蚀的。我们思政教育主题网站如果缺乏创新性、可读性、服务性、指导性、权威性的内容支撑，那么我们网站的吸引力必然会大打折扣，其教育效果自然不会明显，其对以“00后”为主体的大学生的影响力也就不会增强。“00后”大学生的求新探奇心理特别强烈，在新媒体时代，如果他们这种心理在正常渠道得不到满足，必然会另选他途，从而增加其走上背离社会主义方向之道路的概率。因为，以“00后”为主体的大学生群体，其心理仍不够成熟，政治辨别能力比较弱，很容易被负面的和消极的内容所引诱和俘虏。

4. 坚持以正面为主，破立结合

在网络世界中，什么信息都有，正面与负面内容并存、积极与消极信息兼容。习近平总书记在党的新闻舆论工作座谈会上强调：“把政治方向摆在第一位，牢牢坚持党性原则，牢牢坚持马克思主义新闻观，牢牢坚持正确舆论导向，牢牢坚持正面宣传为主。”因此，

在构建思政教育主题网站内容及其体系时，我们要强调正面的立，以正面为主，发出中国好声音，旗帜鲜明地高唱社会主义、爱国主义、集体主义主旋律，从正面同西方资本主义国家抢占网络思想阵地；同时要敢于应战，勇于针锋相对地驳斥西方资本主义的错误观点和腐朽思想。破是为了更好地立，破西方资本主义发达国家灌入我国网域的各种个人主义思想、自私自利的价值观念和政治观念等，才能更好地在网上宣扬社会主义的科学之声、真理之声、正义之声，树立社会主义网络新风尚。只有这样，思政教育主题网站才能为我们抢占网络制高点，更好地实施网络思政教育，给培养大学生成为社会主义“四有”新人提供重要有效的网络平台。

5. 符合大学生受众心理特征

随着网络的普及和教育终身化、教育信息化的迅猛发展，我国上网人数不断攀升，如今网民规模已经超 10 亿，成为世界上网民规模最大的国家。在 10 亿多网民中，有 4000 多万人是在校大学生或在校高职生。这些大学生（含高职生）主要以“00 后”为主体，他们年轻、有活力、思维敏捷、独立意识较强，但他们的心理、思想还不够成熟，尤其是世界观、人生观、价值观还在形成之中，因此，他们整体上对是非、善恶、对错的看法极容易受外界信息的影响和干扰。因此，我们实施网络思政教育，尤其是进行思政教育主题网站的内容建设，必须要好好研究这些网络受众，尤其研究他们的心理特征，了解他们的心理需求。只有这样才能有针对性地设置教育内容和选择适当的灵活的内容呈现方式，吸引他们进入我们预设的网络教育环境，接受网络思政教育氛围、知识和思想的熏陶，从而达到思政教育的目标。

（二）思政教育主题网站的内容建设要求

面对全球信息网络化带来的强大冲击，以及国内国际迅速发展的形势和我国广大青少年尤其是大学生思想出现的新情况，如何提高思政教育的高新科技含量，将思政教育的具体内容与网络有机地结合起来，是当前思政教育工作者必须关注和研究的重大课题，同时也是思政教育主题网站内容体系建设的基本要求。网络的开放性、交互性、随意性和各类新媒体的联用性等基本特征，要求思政教育主题网站内容建设一定要在坚持内容为王的基础上突出针对性和灵活性、生动性和艺术性、交互性和服务性、层次性和时效性、连贯性和创新性。这几个主要方面的要求是以思政教育主题网站内容建设原则为前提的，同时也是对该原则的具体化和贯彻落实。

1. 针对性和灵活性

面对信息网络化、经济全球化和市场化、政治文化一体化等诸多方面的挑战，广大学生受到的冲击和影响较以往数倍、数十倍地增长起来，他们的思考和疑问日益增多了，如“马克思主义是否已经过时了？”“市场经济是否会导致新的贫富分化？”“市场经济是否会导致公有制的解体？”“我们党能否根治腐败？”“网络社会是否是绝对自由的虚拟社会？”“网络需要伦理道德吗？”等等。针对大学生的上述思考和疑问，思政教育主题网站在内容建设方面必须加强网络时事政治教育、伦理教育等，以端正大学生的思想认识，及时纠正不良的思想倾向。只有坚持针对性，同时贯彻灵活性要求，才能迅速及时地调整、充实和丰富思政教育主题网站的信息内容和信息呈现方式，更好地贴近生活、贴近大学生的思想实际，这样才能做到有的放矢，不流于形式，从而收到良好的效果。实施网络思政教育的宗旨是解决大学生受众在世界观、人生观、价值观、政治观和伦理观等方面存在的问题，帮助大学生网民树立起正确的理想信念，使其成为一个能辨别是非、善恶、美丑的主体，能抵制各种不良思想的诱惑，能把握自己的行为，使自己合乎社会发展主流趋势之要求。而在网络时代要达到这一目的，就必须有针对性地面对各类网络受众群体，并紧跟时代发展步伐和时政变化，通过开通思政教育主题网站等多种方式灵活地开展网络思政教育，讨论、研究和解决大学生网民关心的、遇到的各种热点或焦点问题。

2. 生动性和艺术性

思政教育内容建设的过程，说到底也是运用大量丰富、生动的有效信息，影响和帮助网络受众提高思想观念、价值观念和精神状态的过程。因此，思政教育主题网站内容的生动性和艺术性，对提升主题网站对大学生的吸引力至关重要。可以想象，一个没有吸引力的主题网站是难以对大学生产生什么积极影响的，更不用说发挥网络思政教育的功能和作用了。随着多媒体技术和网络技术的不断发展，为提升和完善思政教育主题网站内容的生动性和艺术性提供了强有力的支撑。我们必须充分利用这些信息技术，全面地、精心地筛选和创新思政教育信息，对其进行精心设计与制作，将其集声音、文字、图像、数据等为一体，使思政教育主题网站的信息内容具有集成性、同步性、交互性和形象性，改变传统思政教育单一枯燥的“书本＋黑板”的信息呈现方式，真正体现教育内容与教育形式的完美结合，这是网络思政教育艺术化的前提和基础。这样既坚持了思想和理论正面灌输的原则，又增强了思政教育的可信度和亲和力，使思政教育向声色俱全、图文并茂、声情融会的方向发展。

3. 交互性和服务性

我们可以在思政教育主题网站中开设科学的性知识教育专栏，引导青少年树立正确的爱情观、婚姻观和性道德观，同时将网上的调研了解和网下的教育引导相结合，对症下药地解决问题。在我国，性教育一直没有引起教育部门的足够重视，在许多人的观念中对此仍然讳莫如深，包括许多高校都不大愿意涉足这个领域。对于腐败问题，我们要在思政教育主题网站中筛选放入一些具有说服力的数据和文章，从历史的、全球的角度给出一个客观公正的结论，让有疑问的学生自我判断自我教育；同时在主题网站中开设 BBS 论坛，通过大家辩论、交流以及权威人士解答等互动方式来引导教育广大学生。总之，主题网站在内容建设上，不仅要提供正面信息去影响受众，思政教育工作者还要充分利用各类新媒体的交互性，加强与大学生受众进行双向或多向的交流和心灵沟通，倾听他们的心声，了解症结及问题之根源，对症下药，解除他们的思想困惑，纠正不良倾向，并及时检查反馈信息，把握下一步的工作方向和重点。同时，我们还应针对当代大学生较注重实际和实惠的特点，在思政教育主题网站中增设一些服务性内容的栏目，通过网上预约、订单、跟踪与网下开展教育服务相结合，进而提高思政教育主题网站的黏性及关注度。思政教育主题网站只有较好地为广大学生受众的全面发展、身心健康及成长成才、读书就业等提供帮助和服务，才能长久地吸引他们，真正发挥主题网站作为网络思政教育重要平台的“育人”功能。

4. 层次性和时效性

层次性，就是要求根据目标和任务的层次性并结合网络受众生理、心理和思想状况的不同层次来构建教育内容和实施教育活动。任务的层次性在于以培养具有良好心理素质和道德水平的网络受众为基础，进而使其中一部分先进分子成长为具有坚定的共产主义理想和社会主义信念的“四有”新人。这就要求网络思政教育相应地有一个循序渐进的过程，也必然要求思政教育主题网站的内容建设要讲究层次性，用适应大学生受众的内容来影响教育大学生。要把大学生培养成社会主义事业的可靠接班人和合格建设者，首先，必须从一个好公民做起，而一位好公民并非就是一位坚定的社会主义者，还需要我们继续加强引导和培育。所以，思政教育主题网站的内容建设既要立足于现实，又必须超越现实，偏废任何一方都无法保质保量地完成培育社会主义新人的任务。我们不得不承认，大学生受众的思想状况具有多层次性，表现在不同年龄或同一年龄的大学生因出生背景、成长环境、专业背景、学识结构等不同而出现思想处于不同层次或个体在思想品德发展上有较大的差别。根据思想状况不同层次的受众，制订、围绕各个不同的具体工作目标，并据此设置思政教育主题的内容和开展相关的网上教育引导活动，效果肯定比不分层次地设置内容和开展教育要好得多。总的来说，对大学生受众，在巩固高中思政教育成果的基础上，要注重针对大学生思想日益独立和多元化的特点，把思政教育同知识教育、理论教育有机结合起来，引导大学生把对世界观、人生观和价值观的思考提高到理论层次和政治觉悟高度。并在思政教育主题网站上及时向大学生提供可信度很高的正反对照的信息，由他们自己去推理结论和做出正确的选择。同时，根据不同类型（高职生、专科生、本科生、研究生等）、不同年级（低年级、高年级）、不同学科或专业等大学生的不同需要及特点，适当设置不同的信息呈现方式或网络互动方式。比如法学专业的大学生，可组织他们开展如何认识依法治国与以德治国关系的网上辩论赛等活动，让他们在辩论与讨论中辨明真理。在注意层次性的同时，还要充分考虑时效性。传统思政教育在革命战争年代和社会主义建设初期发挥了重大作用，究其根本原因，其中重要的一条就是思想政治工作的内容符合历史潮流，紧扣时代脉搏，讲究时效，符合人心。而如今时代已经进入了一个以快为基本特征的移动互联网时代和新媒体时代，网络世界是一个瞬息万变的世界，如果我们的教育内容没有时效性，就更难以吸引广大受众了。因此，思政教育主体网站的内容建设，必须比传统思政教育更讲究时效性，要紧跟时代发展节奏，与时俱进，不断创新，用最好的内容和最好的呈现方式来牢牢抓住大学生受众的眼球，深入其心、触动其魂，从而实现思政教育真正做到大学生的心坎上。

5. 连贯性和创新性

思政教育主题网站内容建设，只有坚持连贯性和创新性，才能打造出网络文化精品和网络思政品牌，才能更好地服务于育人的目标。而网络思政品牌来之不易，它往往出于对内容为王的一贯坚持，出于文化精品的长期积淀，出于对不断创新的情有独钟。为克服大学生网络受众的不稳定性、分散性和选择信息机会的随意性，给网络思政教育内容的贯彻和落实所带来的不利因素和不良影响，我们必须把思政教育主题网站内容当作一个系统工程来建设。这个系统工程要求我们根据网络受众思想品德形成过程的特点，在教育内容安排上既要有长远的考虑，又要有近期安排，保持内容及教育的连贯性，确保常抓不懈、持之以恒、做细做实，不断根据受众的思想成长需要和国内外形势变化更新教育内容和教育方式，以把广大受众吸引至我们的网络教育空间内，自觉接受积极的健康的思想熏陶。同时，要好好在创新性上下功夫，要坚持内容为王不动摇，久久为功，协调党政、宣传、新闻、工会、共青团等多部门协同工作，充分调动广大思政教育工作者尤其是辅导员队伍的积极性和创造性，充分调动广大师生的参与热情，调动一切可以利用的积极因素，大力推进网络思政教育内容创新，不断为思政教育主题网站注入新精品、新内容、新思想、新理念。这样，我们才能打造出具有既接地气，又有大格局的网络思政品牌和网络文化精品，并进而赢得这场在互联网上争夺大学生的网络之战的胜利。

（三）构建大学生思政教育主题网站的内容体系

围绕大学生思政教育的目标和任务，根据思政教育主题网站内容建设的原则和要求，着力构建适合当代大学生身心特点的主题网站内容体系，是我们思政教育工作者适应新媒体时代潮流，不断推进网络思政教育创新发展的重要任务之一。针对当代大学生的个性特点，思政教育主题网站的内容建设可以归纳为网络思想教育、网络政治教育、网络法制教育、网络伦理教育、网络心理教育、网络国情与形势教育、网络人文科学知识教育、网络中华优秀传统文化教育等八个方面。这八个方面的内容相互联系、相互渗透和相辅相成，共同构成了思政教育主题网站的内容体系。在这一内容体系中，网络思想教育是先导，它渗透在其他教育之中，起着根本性的指导作用；网络政治教育是核心，处于主导地位；网络心理教育是基石，对其他教育发挥着基础性作用；网络伦理教育和网络法制教育是重点，是网络思政教育的主要内容；网络国情与形势教育、网络人文科学知识教育和网络中华优秀传统文化教育是辅助，对于网络思政教育目标与任务的实现具有不可忽视的辅助性作用。

1. 网络思想教育

网络思想教育的核心是用马列主义、毛泽东思想和中国特色社会主义理论体系武装大学生的头脑，指导广大学生树立起正确的世界观、人生观和价值观。尤其是引导大学生树立对马克思主义的信仰、对社会主义必胜的信念和对共产党领导的信任，自觉践行社会主义核心价值观。马克思主义是将辩证的方法论，彻底的唯物主义，无产阶级的党性原则，全心全意为人民服务的精神融为一体的科学的一般世界观。它为人类提供了认识世界和改造世界的思想武器，是正确的政治观、人生观、道德观形成的理论基础。因此，当前的网络思想教育重点是加强马克思主义信仰教育，弘扬科学精神，提高网络受众识别、抵制和反对各种伪科学和封建迷信活动的能力。此外还要着力促进大学生受众解放思想、转变观念、培育创新思维和能力，提升他们运用理论指导和推动实际工作、学习和生活的素质能力水平。由于网络教育具有个性化的自我教育特点，网络思想教育采用渗透式、交互式、点单式教育更容易为网民所接受。因此，把思想教育内容贯穿于网络各类教育之中，尤其是融入政治教育、法制教育、伦理教育、心理教育之中，让大学生受众在这些教育的实践过程中提高自我思想认识水平和辨别能力，确立起科学的世界观，从而达到思想教育的目的。

2. 网络政治教育

我们必须运用思政教育主题网站开展相对应的马克思主义政治观教育，解决网络受众对国家、阶级、社会制度等重大政治问题的立场和态度问题，以帮助我国网络受众分清政治是非，认准社会发展趋势，树立起正确的政治立场和政治理想以及保持正确的政治方向、政治态度与情感，促使他们成长为具有远大理想和爱国情操的社会主义建设人才。网络政治教育主要包括政治理想、政治信念、政治方向、政治立场、政治情感、政治方法、政治纪律等内容，其中党的基本路线方针政策教育、学习贯彻习近平总书记系列重要讲话精神等是当前网络政治教育的重头戏。

3. 网络法制教育

邓小平同志曾指出："加强法制重要的是要进行教育，根本问题是教育人。法制教育要从娃娃开始，小学、中学都要进行这个教育，社会上也要进行这个教育。"网络化的出现及其对人们生活、学习、工作和社会经济、政治、文化等各个层面的全面介入和深刻影响，迫切要求我们把法制教育引入网络，尤其是引入思政教育网站，并作为思政教育主题网站的重要内容加以建设，这是我们培养社会主义"四有"新人的本质要求。网络法制教育就是通过主题网络及各类新媒体进行法制宣传普及教育。其不仅是进行有关网络法规的宣传教育，更是进行对整个社会主义法律体系的普及教育，目的是促使大学生网民保持线上和线下行为的一致性与合法性，培养他们形成强烈的社会主义民主法制意识。这是依法治国的迫切需要，同时也是实施依法治国方略的一项基础性工程。当前的网络法制教育，首先，要系统地介绍整个社会主义法制体系，通过正面和反面的案例及生动的现身说法，让大学生受众感受法、体验法，进而"知法"；其次，要传播法理知识，包括社会主义法制的基本原则和精神，让网民了解法的精髓和精神，树立起守法和依法办事的意识；再次，通过网络开展法律服务，培养网络受众运用法律的基本技能；最后，开展依法治国教育，要营造法治的网络环境，树立敬畏法律、遵纪守法的社会主义法治新风尚。

4. 网络心理教育

开展网络心理教育，主要是迎合当前大学生因学业、就业、创业及情感等压力较大而出现较多心理问题的现实需要而进行的一项网络教育，它针对大学生网民群体出现的情绪低落、精神不振、消沉、孤独、苦闷、焦虑、压抑、多疑、恐惧、防范、麻木、冷漠等各种心理障碍和心理疾病等问题，运用心理学、教育学原理以及心理咨询理论，通过隐蔽性、交互性很强的网络方式，帮助大学生受众化解心理矛盾、减少心理冲突、缓解心理压力、优化心理素质，使他们保持良好的心理状态，形成良好的个性和思想品质，促进人格的成熟及人生的全面发展。思政教育致力于促进人的全面发展的内在本质，要求思政教育主题网站也应开设心理教育的相关内容。比如在主题网站上开设网上心理诊所或网络心理咨询热线，通过网络的方式对大学生受众的心理健康问题进行调查。并在此基础上，通过线上线下相结合的心理辅导、心理训练、心理咨询等方式，有针对性地开展网络心理健康教育，帮助大学生受众疏解心中郁结，向他们传授预防和克服网络心理障碍、心理疾病的知识和方法，培养起良好的行为习惯和心理素质，给那些在生活中失去自我或感到迷惘的大学生受众指点迷津，帮助他们克服各种心理问题。

5. 网络伦理教育

当前科学技术的发展带来了一系列新的伦理难题和挑战，诸如生物、医疗技术的快速发展，向生命伦理道德提出了挑战；现代工业技术广泛地运用于经济建设，其在促进经济发展的同时，也引起了全球性的环境问题，给传统的生态伦理和经济伦理带来了挑战。因此，现代社会要求借助网络传播媒介快捷和形象生动的优势开展生命伦理、生态伦理、现代人际伦理、网络伦理等伦理教育。显然，开展网络伦理教育是思政教育主题网站内容建设的应有之义，是必选之项。思政教育主题网站通过自身网络平台及与各类新媒体沟通对接等多种方式，整合全国甚至世界范围内众多的历史、文明或文学等精品，把其中所内含的人类最优秀的伦理美德——自律、同情、责任、友谊、勤劳、勇敢、坚毅、诚实、正直、高尚、忠诚和信仰等，传播给网络受众，用以熏染、引导、影响大学生受众。并在此基础上开展相对应的网络伦理知识教育，宣扬中华民族优秀的伦理道德文化，营造良好的网络环境，帮助大学生受众树立正确的伦理观。

6. 网络国情与形势教育

由于互联网具在超国界性，网络受众过多地沉浸于互联网世界，久而久之会淡化国家与民族的观念。加上网上外来的信息汹涌而至，挤占甚至淹没本国或本区域信息的位置和地位，从而可能使网络受众对自己的国家越发陌生，对国情与形势了解甚少。要进行社会主义现代化建设，不了解国情与形势是不行的。如果我们培养的大学生连自己的国家情况及当前形势都不了解，就很难产生发自内心的爱国情怀，更谈不上建设祖国。而且，社会主义现代化建设也要求我们将马克思主义同中国的具体国情结合起来，以实现和实践马克思主义的中国化和当代化。因此，在网络上开展国情与形势教育，是思政教育主题网站发挥育人功能的内在要求，是培养适应社会主义现代化建设优秀人才的现实需要。我们可以通过在思政教育主题网站中开展国情与形势教育专栏，将权威的国情与形势信息发布其中，并运用主题网站向各类新媒体的推送功能，及时推送有关国情与形势的最新信息。当前尤其需要关注和推送的国情与形势信息，包括我国的可持续发展与环境保护、国防建设与国家安全、“十三五”发展规划及其五大发展理念解读等方面的内容。

7. 网络人文科学知识教育

思政教育主题网站不仅承载着思想引领、立德树人的使命，也承载着知识教育的使命，其中重要的一项就是人文科学知识教育，它包括中外优秀的文学、历史、哲学、艺术、自然科学普及知识等教育。人文科学素质是大学生健康成长不可缺少的因素。因此，有针对性地向大学生受众介绍人文科学知识，是思政教育主题网站应有的重要内容。优秀的文学作品可以使受众感染真诚的情感、高尚的情操；古今中外的历史可以让受众从朝代的兴衰更迭中理解人类社会的变化规律、个人的地位和作用、人民群众的力量；哲学尤其是马克思主义哲学能提高人的思辨能力，提供给受众科学地认识世界认识人生的方法论知识；艺术知识则有助于受众提高对美丑的鉴别能力，激发受众对美的欣赏、享受和追求；作为科普内容的自然科学知识，能陶冶科学品质、科学思维等等。总之，以社会科学和自然科学交融的人文科学知识是培育人们世界观、人生观和价值观的文化内涵和道德底蕴，把这些内容纳入思政教育主题网站的内容体系加以建设，积极发挥网络人文科学知识教育的育人作用，对于助力大学生受众将高尚情操和科学精神内化为人格素质，进而培养他们学会做人具有重要的现实意义。

8. 网络中华优秀传统文化教育

互联网上西方文化在侵蚀着我们东方文化，尤其在侵蚀着中华民族的优秀传统文化。因此，在网络中为我国的传统文化占据一席之地，是思政教育主题网站义不容辞的责任和光荣使命。在五千年文明史上，中华民族创造了许许多多的优秀文化，时至今日，这些文化仍有很多值得我们去借鉴、发掘和吸收利用，如孙子兵法、孔孟学说、古典文学四大名著等等。这些优秀文化是我们民族生生不息的基础，是我们形成归属感、民族自豪感的文化之根。其中精忠报国舍生取义的大义壮举、先天下之忧而忧后天下之乐而乐的爱国情怀、厚德载物自强不息的民族精神等等，更是体现了中华民族优秀传统文化的特色，至今仍对我们产生着强大的影响力和凝聚力，值得高校思政教育工作者好好去整理、开发和利用，用来激励、教化大学生。

四、案例——广西师范学院红水河思政教育网站建设情况介绍

现代网络科技革命的优秀成果，它神奇的触角伸向了社会生活的各个领域。一方面，网络改变了高校师生的现实生活，它通过连接个人计算机设备，将人们互相联系起来，组成一个虚拟的网络社会。另一方面，在网络社会中，由于网络在以电子元件和信息数据库创建一个神奇世界的同时，也制造了自身难以克服和难以解决的诸多问题。广西师范学院充分意识到了网络快速发展所带来的挑战，积极探索，信息网络时代的发展需要思政教育的介入，因而建设了红水河思政教育网站，形成了一支强有力的队伍，努力开拓广西师范学院思政教育网络阵地，建设良好的校园文化氛围。

（一）网站建设概况

红水河网站直属于广西师范学院党委宣传部，接受宣传部领导、监督和审查，同时纳

入学校校团委领导下的社团总会统一指导。红水河网站是在广西师范学院原党委书记钟海青教授、博士的亲自主持下，在校党委宣传部、组织部、学工部、校团委、社科部、网络中心等部门的商讨和支持帮助下于 2005 年 3 月正式成立的。它是院校学生在共同的兴趣和爱好的基础上自愿结合在一起进行“自我教育、自我管理、自我服务”的一个纪律严明、管理规范、凝聚力强的学生组织。

红水河网站坚持“以思政为核心，以人为本，服务师生”的建站理念，以“独家原创、贴近实际、提升品位”为宗旨，采用“集文字、图像、声音、视频于一体”的网络宣传手段，是一个融思政、新闻、时评、文学、娱乐、服务、校园、新媒体为一体的综合性的思政教育网。

红水河网站是立足广西师范学院，以在校师生为服务对象，面向全国大学生的思政网站。该网站现共设有五大部门，分别是新闻部（采编部、影像部、新媒体部、文编部）、行政部、宣传部、技术部、广告部。五大部门全面负责网站内外事务，及时反映当代大学生的学习、生活、工作、思想等方面的情况，为学生提供良好的网络交流平台。对重大新闻、时事热点进行深度报道，正确引导舆论。其用于校党委宣传部、学工处、校团委及各二级学院学工办、分团委和学校各学生社团对外发布内部新闻、工作信息、学生活动公告等各方面的教育管理信息，是学校工作对外宣传的重要窗口之一；及时、快捷地反映学校特别是学生工作方面的情况和学生的思政教育动态，报道校园内的各类新闻。

红水河网站建站至今，已经在学生思想教育工作上取得了一定的成就，2011 年在教育部中国大学生在线网站主办的第四届“全国高校百佳网站评选”中荣获“第四届全国百佳称号”，2013 年荣获“第六届全国百佳称号”。红水河网站以推进校园网络文化，引导校园舆论，为广大同学提供一个锻炼自己、发展自己、扩展自身素质、服务师生员工的平台，丰富和发展学生的兴趣、爱好、专长，从而全面提高学生的素质。

（二）网站创新特色

红水河网站现设五个一级栏目：思政天地、新闻聚焦、魅力师院、陌上花开、红水导航。同时致力于打造师院最有影响力的新媒体——微博：@广西师院红水河网站，微信公众号：红水河网站（redriver2005）。其中，“精神家园”荣获广西高校思政教育主题网站“精神栏目”称号。它为同学们提高理论修养、丰富精神生活以及升华思想提供了优质服务。

红水河网站的主要特色是以思政为根本，同时把校园文化结合起来，发展成为一个服务师生的综合性网站。在“以思政为核心，以人为本，服务师生”的建站理念下，红水河网站开创了多个一级栏目，多个二级栏目，成为师生们喜欢的网站。

红水河网站积极传达国家的政策方针，为学生解答疑惑，使学生对国家的政策方针有所了解。红水河网站及时反映校园动态消息，对学校、各二级学院、各社团的活动进行实时报道，让学生第一时间了解校园活动，丰富了学生的业余生活。红水河网站如今致力于打造时评队伍，针对社会热点话题或学生存在的问题进行剖析，如女生酒店遇袭、大学生无手机课堂、拐卖儿童罪、双十一等时评报道。红水河网站拥有一支深度报道的队伍，立足学生，针对学生身边的事情进行分析，如宿舍使用大功率电器、大学生体能测试、寝室关系等报道。同时红水河网站跟随时代潮流，适应新媒体发展趋势，运营了官方微博、微信，根据师生阅读的节奏，推送简短却有分量的推文，是师生交流的平台。

十年来，红水河网站秉承“思政为根本，立足师院，服务师生”的建站理念，硕果累累。2007 年中央电视台《金苹果》栏目走进广西师范学院，红水河网站与《金苹果》栏目合作，全程跟踪、宣传报道师院选手的参赛情况，在校内引起了广泛关注和影响。2009 年 12 月网站成为新浪招生频道广西师范学院记者站。2011 年师院党委宣传部申报的《依托网络有效载体引领学生健康成长——广西师范学院“网络文化节”的策划与推广》喜获“2010 广西高校校园文化建设优秀成果”一等奖。2014 年 4 月，在首届“广西高校新闻奖”评选活动中，红水河网站是所有提交参评作品的高校媒体中获奖最多的校园媒体。

（三）网站典型例证

网站在建设中，线上线下同时互动，线上主要以内容为主，线下为宣传活动等，加强了对师生员工的思想引导，引导他们理性地思考和看待问题，关心国家大事、身边小事，展现了多姿多彩的活动。

1. 线上栏目

（1）思政天地——网站以“思政天地”为根本，提高学生的理论修养。

思政教育网站是我国新时期加强和改进大学生思政教育工作的重要载体工具。随着时代主题的发展，红水河网站弘扬时代主旋律，倡导红色文化，引导教育大学生思想，改变大学生思想观念，继承和发扬中华民族传统美德。以学生全面发展为目标，以人为本，贴近学生，学生逐步提高了政治辨别力和选择力，提高了思政教育的时效性。注重发掘学生身边的政治性教育，引导学生树立正确的政治价值观，同时认真传达国家相关政策，努力发挥网站平台优势，做好上传下达工作，成为师生身边又一个强有力的宣传平台。

（2）新闻聚焦——“新闻聚焦”为焦点，第一时间掌握校园资讯，关注社会时事。

新闻思政文化网站的内容和视角立意于学校大局，贴近师生员工，对学生采编、技术人员的思想和业务能力也有较高要求。各高校综合性新闻思政文化网站的学生团队成员在老师的带领下参与网站建设和管理，在实际工作中得以迅速成长。学生进一步认识了学校，理解了网站定位和团队使命，增强了责任感，培养了服务和奉献精神，增长了才干，为今后所在高校进一步开展校园文化建设培养了一支坚实的学生骨干力量。开创了“校园快讯”“红水涛声”“深度报道”“专题荟萃”“红水微视”“红水涛声”“图片速递”等二级栏目，第一时间掌握校园资讯，进行深度报道，关注社会时事。同时，自2015年7月网站改版后，新增了“红水涛声”“红水微视”二级栏目，“红水涛声”注重报道学生身边事，发表时评，如女生酒店遇袭、大学生无手机课堂等，深受学生的欢迎，阅读量一直持续上升。“红水微视”则制作短小视频，如双十一、平安夜等，好评不断。

（3）魅力师院——呈现师院的人文情怀，展现魅力校园。

展示学生身边美的景、美的人，丰富学校人文情怀，展示学校典型人物，介绍学校取得的成绩，学科文化及行业道德培养的内容。学校主要学科所在行业的历史、文化知识，以及行业道德培养的内容。

（4）陌上花开——学生原创文学，摘录美文，感受海外来风。

转载美文，包括海内外美文；校园原创文学作品，学校师生原创的各类文学作品；优秀影视音乐作品赏析，转载官方权威媒体对于优秀正面影视音乐作品的影评、乐评赏析文章。

（5）红水导航——贴近师生的生活，贴心服务师生。

网站立足于高校自身，贴近校园师生，发布的新闻信息和文化资讯绝大部分是校园新闻和文化营造内容。“红水导航”包括时尚资讯、考生资料、心理测试等囊括校园各类考试信息、奖贷专项，更有生活窍门、旅游资讯，贴心服务同学。从师生的视角发现身边的新闻，用师生的手写师生自己的思想感悟和校园文化见解。

2. 线下活动

（1）广西师范学院网络文化节

随着网络的兴起，网络文化已成为社会文化发展的一个重要组成部分，成为人们日常生活的重要精神家园。自2010年师院成功举办第一届网络文化节以来，师院网络文化建设成果显著，有效地促进了校园文化的繁荣发展，提升了网络文化的建设水平。作为新时代的青年大学生，依法律己，承担责任是责无旁贷的事情。广西师范学院举办网络文化节的目的就是要汇聚网络正能量，传播文明，唤醒大学生的觉悟，催其奋进，努力追求梦想，勇于承担责任，为中华民族的伟大复兴而不懈奋斗。红水河网站已经承办了七届网络文化节，认真贯彻落实党的十八大精神，以邓小平理论、“三个代表”重要思想和科学发展观为指导，全面贯彻党的教育方针，培育和践行社会主义核心价值观。以学生为主体，以网络和校园为载体，充分发挥网络信息时代的优势，在高校内弘扬社会主义法治精神，倡导先进、健康、文明、规范的校园网络文化；增强青年大学生的责任担当意识，鼓励青年大学生以法律己、依法办事，为构筑法制校园、法治社会贡献自己的力量。通过网络文化节活动做到推动高校网络文化大发展大繁荣，为校园文化建设和学校的改革发展献出自己的一份力量。

（2）抗战胜利签名活动

2015 年是中国抗战胜利 70 周年，七十年前那场决定世界前途命运的伟大胜利，永远铭记在所有爱好和平与正义的人民心中。红水河网站为了唤醒学生的荣辱感，牢记历史、不忘过去、珍爱和平、开创未来，举办了抗战胜利 70 周年签名活动，督促在校大学生更好地推进全面建设小康社会、实现中华民族伟大复兴的光辉事业，更好地促进人类和平与发展的崇高事业。中国人民抗日战争的伟大胜利，是中华民族全体同胞团结奋斗的结果，也是中国人民同世界反法西斯同盟国人民并肩战斗的结果。中国人民为取得抗日战争的伟大胜利感到骄傲，也为同世界各国人民一道取得世界反法西斯战争的伟大胜利感到自豪。

（3）校运会现场报道

每年 11 月下旬是学校举办校运会的时候，红水河网站开创了校运会为期两天的现场报道，利用网站资源和官方微博、微信对校运会进行实时报道，能在第一时间报道出校运会的赛况，以最快的报道速度进行宣传，深受师生的好评与支持。努力真实体现师院大学生校运会的赛员风姿，进而展现学校风采。

（四）网站职能构架

"红水河"网站由学生自主运营与维护，目前共有来自广西师范学院各个学院和年级成员 160 余名，在管理与运营上具有严谨的规章制度和高度的自主性，已经形成较成熟的职能架构体系。网络现共设有五大部门，分别是新闻部（采编部、影像部、新媒体部、文编部）、行政部、宣传部、技术部、广告部。五大部门的站委加上站长、副站长一同管理负责站内外事务，形成团结互助的团体，为网站的发展提供了强有力的保障。

网站有指导老师一名，站委设有站长一名、副站长三名、部长八名、副部长若干，对网站所有事务负责，并形成站长对指导老师负责，副站长对站长负责，部长、副部长对副站长负责的职权形式。指导老师作为党委宣传部管理网站的代表，有权决定网站的一切事务；站长作为网站的代表，对网站一切大小事务负责，并及时向老师汇报工作进展；副站长直接管理八大部门具体各职能说明（指导老师除外）。

站长：统筹网站的日常工作；主持召开网站负责人例会；主持网站换届工作，负责人事任免；统筹网站各种活动，审批网站内部各种规章制度、文件、策划方案；决定网站的合作伙伴、合作方式、发展方向、发展策略；根据校党委需求，提出网站工作计划及网站建设整体规划；监督网站各部门工作；与上级领导部门进行沟通，对校党委宣传部负责。

副站长：直接对站长负责，协助站长做好网站的各项工作；负责网站大型活动策划的审核和修改；负责网站财务的管理，严格按照网站经费管理制度做好资金的保管和账目登记；统筹网站新闻报道方向和前台信息更新；认真“把关”网站各类新闻，负责网站正确舆论引导工作，统筹网站对外宣传及赞助事宜；保障网站的正常运行；负责后台技术支持；负责网站的技术开发与创新。

部长：负责各自部门的总体管理；负责本部门日常事务管理；负责部门规章制度的制定；对本部门相应成员进行人事考核；负责本部门的工作计划和总结及部门人员分工；策划与自己部门相关的特色活动，组织部门内部人员相互交流学习；有权向站务委员会提请通过本部人事任免负责。

副部长：协助部长开展本部门的各项工作及思想的上传下达，直接对部长负责。组织召开部门例会，统筹管理干事之间的关系，并及时反映干事的表现和工作情况。

“红水河”网站自创建以来，在秉承赏罚分明的规章制度的同时更注重站内网站团结度，充分发挥“自我教育、自我管理、自我服务”的优势，积极创新活动，努力自我完善，形成一个纪律严明、管理规范、凝聚力强的思政网站组织。

参考文献

[1] 马克思恩格斯选集：1—4[M]. 北京：人民出版社，1995.

[2] 宫承波 . 新媒体概论 [M]. 北京：中国广播电视出版社，2009.

[3] 田智辉 . 新媒体传播 [M]. 北京：中国传媒大学出版社，2008.

[4] 匡文波 . 手机媒体概论 [M]. 北京：中国人民大学出版社，2006.

[5] 麦克卢汉 . 麦克卢汉如是说 [M]. 北京：中国人民大学出版社，2006.

[6] 张迈曾 . 传播学引论 [M]. 西安：西安交通大学出版社，2002.

[7] 郑永廷 . 思政教育方法论 [M]. 北京：高等教育出版社，1999.

[8] 白显良 . 隐性思政教育基本理论研究 [M]. 北京：人民出版社，2013.

[9] 邱仁富 . 思政教育话语论 [M]. 上海：上海交通大学出版社，2013.

[10] 新华社新闻研究所 . 新媒体发展与现代传播体系构建 [M]. 北京：新华出版社，2013.

[11] 常铁 . 新兴媒体影响下的校报革新 [J]. 吉林广播电视大学学报，2010(09).

[12] 李小娜 . 新兴媒体加强党对舆论的引导 [J]. 沧州党校论坛，2012(03).

[13] 蒋支流 . 新媒体环境下大学生思政教育的挑战及应对 [J]. 新教育时代，2014(22).

[14] 陈慧椅 . 新媒体时代大学生思政教育的创新途径探析 [N]. 长春教育学院学报，2015(03).

ISBN 978-7-5585-6091-0

9 787558 560910 >

定价：49.00元